Kirchengemeinschaft
Church Communion

Leuenberger Texte / Leuenberg Documents

Nr. 16

Im Auftrag des Rates der
Gemeinschaft Evangelischer Kirchen in Europa

Mandated by the Council of the
Community of Protestant Churches in Europe

Herausgegeben von / edited by Mario Fischer

Kirchengemeinschaft

Grundlagen und Perspektiven

Church Communion

Principles and Perspectives

Herausgegeben von / Edited by
Mario Fischer & Martin Friedrich

EVANGELISCHE VERLAGSANSTALT
Leipzig

Bibliographische Information der Deutschen Nationalbibliothek
Die Deutsche Nationalbibliothek verzeichnet diese Publikation in der
Deutschen Nationalbibliographie; detaillierte bibliographische Daten
sind im Internet über http://dnb.dnb.de abrufbar.

Das Buch wurde auf alterungsbeständigem Papier gedruckt.

Cover: Kai-Michael Gutsmann, Leipzig
Coverbild: © DOC RABE Media/Fotolia.de
Satz: Steffi Glauche, Leipzig
Druck und Binden: Hubert & Co., Göttingen

ISBN 978-3-374-06218-8
www.eva-leipzig.de

Inhalt/Content

Vorwort

Die Leuenberger Konkordie ist das Gründungsdokument der
Gemeinschaft Evangelischer Kirchen in Europa. Man kann sie
getrost als die Magna Charta der Kirchengemeinschaft bezeich-
nen. Gleich 21 Mal kommt in ihren 49 Paragraphen der Begriff
»Kirchengemeinschaft« vor. Er ist der tragende Begriff, denn er
bezeichnet das gewünschte und auch erreichte Ergebnis dieses
Dokuments:»Kirchengemeinschaft im Sinne dieser Konkordie
bedeutet, dass Kirchen verschiedenen Bekenntnisstandes aufgrund der gewonnenen Übereinstimmung im Verständnis des
Evangeliums einander Gemeinschaft an Wort und Sakrament
gewähren und eine möglichst große Gemeinsamkeit in Zeugnis
und Dienst an der Welt erstreben.« (LK 29). Das genauere Verständnis von Kirchengemeinschaft wird in der Konkordie über
diese knappe Definition hinaus jedoch nicht entfaltet; denn das
war schon in einem früheren Stadium geschehen: im so genannten Leuenberg-Bericht *Kirchengemeinschaft und Kirchentrennung*
von 1970. Dieser Text, nur unwesentlich länger als die Konkordie selbst, hat eine große Bedeutung, denn er war es, der die
europäischen evangelischen Kirchen davon überzeugte, den Abschluss einer Konkordie tatsächlich anzugehen, und ohne ihn
sind manche der Grundentscheidungen gar nicht richtig zu verstehen.

Bis 1970/73 hatte der Begriff der Kirchengemeinschaft noch
nicht die programmatische Bedeutung, die ihm inzwischen zukommt.[1] 1950/51 in Deutschland bei der Gründung der Evangelischen Kirche der Union geprägt, wurde er bald im Lutherischen Weltbund aufgegriffen. Im Dokument *Zum Wesen des
Lutherischen Weltbundes* (1963) wurde erklärt, dass Kirchengemeinschaft, die»in verbindlich erklärter Kanzel- und Abendmahlsgemeinschaft sowie gegenseitiger Anerkennung der durch

---

[1]   Zum Begriff vgl. Wilhelm Hüffmeier: Kirchengemeinschaft. In: *Evangelisches Staatslexikon. Neuausgabe.* Stuttgart 2006,1169–1173.

Ordination übertragenen Ämter« Gestalt gewinnt, »das echte ökumenische Ziel« der Kirchen sein solle.[2] Hatte der LWB noch eine Gemeinschaft im Bekenntnis als wesentliche Voraussetzung für die Erklärung von Kirchengemeinschaft angesehen, so arbeitete der Bericht von 1970 unter dem Einfluss des lutherischen Systematikers Wenzel Lohff heraus, dass der Lehrkonsens zwar eine inhaltliche Übereinstimmung über den Grund der Kirche, aber nicht eine Übereinstimmung im Wortlaut der Bekenntnisse voraussetze.[3] Dies ist das eine neue Element im Verständnis von Kirchengemeinschaft im Sinne der Leuenberger Konkordie. Das andere ist die Unterscheidung (und zugleich Koppelung) von Erklärung und Verwirklichung der Kirchengemeinschaft. Die durch die Einheit im Glauben erreichte Gemeinschaft in Wort und Sakrament drängt dazu, auch in allen anderen Lebensäußerungen der Kirche zu größtmöglicher Gemeinsamkeit zu kommen; Kirchengemeinschaft ist demnach Projekt und Prozess.[4]

Der dynamische Charakter des Modells führte dazu, dass auch nach Abschluss der Konkordie immer wieder eine Vergewisserung erforderlich war. So arbeitete das Dokument *Die Kirche Jesu Christi* (1994) die theologischen Grundlagen dieses Verständnisses von Kirchengemeinschaft heraus, insbesondere die Unterscheidung von Grund, Gestalt und Bestimmung der Kirche, und erörterte zugleich, welche Konsequenzen die inner-

---

[2] Zitiert nach Harding Meyer: »Kirchengemeinschaft« als Konzept kirchlicher Einheit. Zur Entstehung und Bedeutung des Konzeptes. In: Ders.: *Versöhnte Verschiedenheit. Aufsätze zur ökumenischen Theologie I.* Frankfurt am Main 1998, 137–162, hier 150f.

[3] Zu der entscheidenden Rolle von Lohff vgl. Meyer, a. a. O., 154–156; Tuomo Mannermaa: *Von Preussen nach Leuenberg. Hintergrund und Entwicklung der theologischen Methode der Leuenberger Konkordie.* Hamburg 1982, bes. 89–92. 103–111. 163–170.

[4] Die Formulierung folgt Jan Gross: *Pluralität als Herausforderung. Die Leuenberger Konkordie als Vermittlungsmodell reformatorischer Kirchen in Europa.* Göttingen 2018,122 f.; hier auch eine eingehende Analyse dieser zweifachen Bestimmung.

CORRIGENDA

Fischer/Friedrich (eds.): Church Communion
Leuenberg Documents 16

p. 125, § 90: instead of »… to strengthen the awareness that the churches of the CPCE are one church«

> read: »… to strengthen the awareness that the churches of the CPCE are church together«

p. 126, § 91: instead of »This awareness of together being one church …«

> read: »This awareness of being church together …«

p. 129, § 99: instead of »Diversity here rests not so much on theological decisions, but it is experienced particularly in spirituality and in the forms of piety and worship.«

> read: »Diversity here is experienced particularly in spirituality and in the forms of piety and worship, but can also rest on theological decisions.«

p. 133, § 112: Delete: »Most of the churches in the CPCE regulate the task of their mission and their common life in the framework of a church order.«

protestantische Kirchengemeinschaft für die Beziehungen zu anderen Kirchen und Konfessionen hat. Der auch als Kirchenstudie bekannte Text, der inzwischen in der 5. Auflage vorliegt,[5] gilt nicht nur als grundlegende Darstellung der Ekklesiologie der evangelischen Kirchen,[6] sondern auch als Grundtext für die Positionierung der evangelischen Kirchen im Gespräch über die ökumenischen Zielvorstellungen. Tatsächlich öffnete er den Weg für eine ganze Reihe von interkonfessionellen Dialogen der GEKE. Vor allem in den Gesprächen mit den orthodoxen Kirchen[7] und in der kürzlich abgeschlossenen ersten Konsultationsreihe mit dem Päpstlichen Einheitsrat[8] konnte er als Ausgangspunkt für eine Verständigung mit anderen Konfessionen über Weg und Ziel der Ökumene dienen. Tatsächlich zeigte sich in diesen Gesprächen zweierlei: Auf der einen Seite repräsentiert das Modell der Kirchengemeinschaft nicht ein exklusives evangelisches Ökumene-Modell, das einem katholischen Modell diametral gegenübersteht.[9] Auf der anderen Seite wurde aber deutlich, dass noch viele Fragen zu klären sind, bevor es von den anderen Konfessionen anerkannt werden kann. Diese be-

---

[5] Michael Bünker, Martin Friedrich (Hg.): *Die Kirche Jesu Christi. Der reformatorische Beitrag zum ökumenischen Dialog über die kirchliche Einheit* (Leuenberger Texte 1). Leipzig [5]2018.

[6] Vgl. z.B. Reinhard Frieling: Art. Kirche. In: *Evangelisches Staatslexikon. Neuausgabe.* Stuttgart 2006, 1128–1139, hier 1132 f.

[7] Die vier Konsultationen, die zwischen 2002 und 2008 veranstaltet wurden, sind in drei Bänden der Leuenberger Texte dokumentiert; zuletzt: Michael Beintker, Viorel Ionita, Jochen Kramm (Hg.): *Die Taufe im Leben der Kirchen. Dokumentation eines orthodox-evangelischen Dialogs in Europa* (Leuenberger Texte 12), Frankfurt am Main 2011.

[8] Christian Schad, Karl-Heinz Wiesemann (Hg.): *Bericht über Kirche und Kirchengemeinschaft. Ergebnis einer Konsultationsreihe im Auftrag der Gemeinschaft Evangelischer Kirchen in Europa und des Päpstlichen Rats zur Förderung der Einheit der Christen.* Paderborn/Leipzig 2019.

[9] Diese Deutung vertrat – cum grano salis – das EKD-Votum *Kirchengemeinschaft nach evangelischem Verständnis* von 2001, das dafür aber – auch innerevangelisch – deutlich kritisiert wurde.

treffen sowohl die theoretischen Grundlagen des Modells – eine explizite Auseinandersetzung mit dem seit spätestens 1991 in der multilateralen Ökumene programmatisch gebrauchten Konzept der Koinonia wurde noch nicht geführt – als auch die tatsächliche Verwirklichung in der Gemeinschaft Evangelischer Kirchen in Europa (GEKE).

Diese Anfragen veranlassten die Vollversammlung in Florenz 2012, das Verständnis und die Konsequenzen der Kirchengemeinschaft erneut zum Thema eines Lehrgespräches zu machen. Ausdrücklich wurde gebeten, »dass dem positiven Potenzial und der Sichtbarkeit der Kirchengemeinschaft besonderes Augenmerk gegeben wird. Dabei sollen auch die theologische Klärung der Verbindlichkeit und die rechtlichen Implikationen der Kirchengemeinschaft beachtet werden.«[10] Die Vollversammlung versprach sich also nicht nur Antworten für die interkonfessionellen Dialoge, sondern vor allem Impulse für die weitere Ausgestaltung der GEKE. Seit langem wird hier eine Debatte geführt, ob die organisatorische Stärkung, die 1994 eingesetzt hatte, weit genug gehe bzw. ob das Verständnis von Kirchengemeinschaft nicht zu weiteren Schritten dränge. Zu erinnern ist z. B. an die seit 1990 immer wieder erhobene Forderung nach einer europäischen Synode der GEKE-Kirchen.[11] Zwar hatte schon das zwischen 2002 und 2006 erarbeitete Dokument *Gestalt und Gestaltung protestantischer Kirchen in einem sich verändernden Europa*[12] auch Konsequenzen für die Arbeitsweise der

---

[10] Schlussbericht der 7. Vollversammlung, Nr. 3.1. In: Michael Bünker, Bernd Jaeger (Hg.): *Frei für die Zukunft. Evangelische Kirchen in Europa*. Leipzig 2013, 32.

[11] Vgl. Martin Friedrich: The Leuenberg Church Fellowship and the Discussion about a European Protestant Synod, in: Alberto Melloni, Silvia Scatena (Hg.): *Synod and Synodality. Theology, History, Canon Law and Ecumenism in new contact. International Colloquium Bruges 2003.* Münster 2005, 519–530.

[12] Abgedruckt in: Wilhelm Hüffmeier, Martin Friedrich (Hg.): *Gemeinschaft gestalten – Evangelisches Profil in Europa*: Texte der 6. Vollversammlung der Gemeinschaft Evangelischer Kirchen in Europa – Leuenberger

GEKE gebracht, aber es herrschte der Eindruck, dass noch mehr geschehen könne.

So stand die Arbeit, die Anfang 2013 mit der Einsetzung einer kleinen Arbeitsgruppe begann, unter großen Erwartungen. In steter Rückkoppelung mit dem Rat der GEKE wurde eine erste Fassung des Textes erarbeitet und den Kirchen zur Kenntnisnahme vorgelegt. Er enthielt im Wesentlichen schon die jetzigen Teile 1 bis 3 des Dokuments. Mehr als 40 Vertreter der Mitgliedskirchen der GEKE diskutierten diesen Text sehr eingehend bei einer Konsultation in Elspeet (Niederlande) im Januar 2015. Danach wurde die Arbeitsgruppe zu einer zwölfköpfigen Redaktionsgruppe erweitert, die eine neue Version erarbeitete. Hier entstand nun auch der Teil 4 mit den Empfehlungen an die GEKE und ihre Kirchen. Die revidierte Fassung wurde im Sommer 2016 den Kirchen mit Bitte um Stellungnahmen zugesandt. Auf der Grundlage der Reaktionen überarbeitete die Redaktionsgruppe das Dokument ein weiteres Mal.

In seiner Endfassung weist das Dokument eine klare Struktur auf. Teil I zieht eine – insgesamt sehr positiv ausfallende – Bilanz der Verwirklichung der Kirchengemeinschaft in vier Erfahrungsfeldern: Gemeinschaft im Gottesdienst, Gemeinschaft im Lehren, Gemeinschaft wachsender Gestaltwerdung und Gemeinschaft in Zeugnis und Dienst in Europa. Teil II erläutert die theologischen Grundlagen des Einheitsmodells, unter Rückgriff auf die Studie *Die Kirche Jesu Christi* und mit Berücksichtigung neuerer Diskussionen und Entwicklungen. Teil III knüpft hier direkt an und beschreibt die derzeitigen Herausforderungen unserer Kirchengemeinschaft anhand der Begriffe Verbindlichkeit, Rezeption und Katholizität. Von dort aus begründen sich auch die Empfehlungen, die in Teil IV und V – teils in sehr konkreter Form – gemacht werden.

Bei der Diskussion auf der Vollversammlung der GEKE in Basel im September 2018 ging es vor allem um zwei Aspekte.

Kirchengemeinschaft, in Budapest, 12.–18. September 2006. Frankfurt am Main 2007, 43–75.

Die theologischen Grundlagen wurden allgemein als gut darge-
stellt empfunden. Die Vollversammlung änderte im vorgelegten
Text nur die Aussage, dass die Kirchen der GEKE *eine* Kirche
seien, in »dass die Kirchen der GEKE *gemeinsam* Kirche sind«
(§ 90; ebenso in § 91). Die Implikationen der Ausdrucksweise
sollen freilich weiter geklärt werden, wie die Vollversammlung
in einem zusätzlichen Beschluss forderte: »Der Rat wird beauftragt, bezüglich der Rezeption des Textes ›Kirchengemeinschaft‹
insbesondere die Frage, was es bedeutet, von der GEKE als Kirche / eine Kirche / gemeinsam Kirche zu sprechen, zu bear-
beiten.« (Schlussbericht 2.1.7)[13] Ein Ergebnis nahm die Vollversammlung freilich schon vorweg: Weil das Dokument
herausgearbeitet hatte, dass »communion« und nicht »community« der angemessene englische Begriff für die Gemeinschaft
ist, beauftragte sie den Rat, »einen Prozess anzustoßen, um den
englischen Namen der Gemeinschaft Evangelischer Kirchen in
Europa von *Community of Protestant Churches in Europe* in
Communion of Protestant Churches in Europe abzuändern.«
(Schlussbericht 2.1.6)

Intensiv diskutiert wurden ferner die Empfehlungen. Hier
stießen, wie schon häufig, zwei wesentliche Anliegen aufeinander: Einerseits der Grundsatz, dass auch in der Kirchengemeinschaft jede einzelne Kirche organisatorisch selbständig und
Unterschiede – auch in den Amts- und Leitungsstrukturen – legitim bleiben müssten, andererseits die Überzeugung, dass um
der Vertiefung der Gemeinschaft willen eine freiwillige Begren-
zung der Autonomie geboten sein könne. Die Vollversammlung
bejahte auch das zweite Anliegen, stärkte aber vor allem diejenigen, die vor einem allzu großen Überschwang in Richtung einer institutionellen Vereinheitlichung warnten, durch den Be-

---

[13] Abgedruckt in: Mario Fischer, Kathrin Nothacker (Hg.): *befreit – verbunden – engagiert. Evangelische Kirchen in Europa.* Dokumentations-
band der 8. Vollversammlung der Gemeinschaft Evangelischer Kirchen
in Europa (GEKE) vom 13.–18. September 2018 in Basel, Schweiz. Leipzig 2019, 45–77.

schluss: »Die Vollversammlung unterstützt die Vertiefung der Kirchengemeinschaft innerhalb der Gemeinschaft Evangelischer Kirchen in Europa, und dass dies weiterhin im Einklang mit den rechtlichen Vorgaben der Mitgliedskirchen geschehen möge.« (Schlussbericht 2.1.5)

Dies betraf auch den Vorschlag, dass eine »Charta der Kirchengemeinschaft« erarbeitet werden solle. Diese Idee hatte schon im Vorfeld besondere Aufmerksamkeit gefunden und wurde auch in Basel kontrovers beurteilt. Die Vollversammlung nahm auch hier eine Textänderung vor und strich in § 112 einen Satz, der die Charta zu sehr in eine Parallele zu den Kirchenordnungen der einzelnen Kirchen gerückt hätte. Tatsächlich hatte der Sprecher der Lehrgesprächsgruppe, André Birmelé, bei seiner Einbringungsrede bereits darauf hingewiesen, dass es nur um eine Selbstverpflichtung in geistlichem Sinne gehen könne.[14] Der Vorschlag, den die Vollversammlung ansonsten ausdrücklich als wünschenswert einstufte, wird in den kommenden Jahren von einer Arbeitsgruppe bedacht werden, im Rahmen eines umfasseneren Auftrags, den die Vollversammlung folgendermaßen beschrieb:

»1. Die Vollversammlung bittet, dass der Rat einen Prozess zur Verständigung über die Rolle und Aufgabe der GEKE initiiert. Auf der Basis einer Bestandsaufnahme des Selbstverständnisses der GEKE sowie ihrer Wahrnehmung durch die Mitgliedskirchen wäre darin auszuführen, was aus der Übereinstimmung im Evangelium und der wechselseitigen Anerkennung der Kirchen als Kirchen für das gottesdienstliche, geistliche, theologische und diakonische Zusammenleben der Kirchen in der Kirchengemeinschaft folgt. Das Ergebnis könnte eine Charta der Kirchengemeinschaft sein, die eine Sammlung der gemachten Verpflichtungen, bereits erreichter Arbeitsergebnisse und ihre spirituellen Auswirkungen auf Mitgliedskirchen einschließt.« (Schlussbericht 3.1.1)

---

[14] Vgl. Fischer, Nothacker, a. a. O., 179–182.

Mit dem Dank an alle Beteiligten, einschließlich der Kirchen, die durch ihre Stellungnahmen das Endergebnis beeinflusst hatten, betrachtete die Vollversammlung schließlich »das Lehrgesprächsergebnis als eine gute Beschreibung des der GEKE zugrundeliegenden Modells von Kirchengemeinschaft.« Sie machte es sich zu eigen, versah es also mit dem höchsten Grad an Zustimmung, und bat darum, »es bei der künftigen Ausgestaltung der inneren Verhältnisse und äußeren Beziehungen der GEKE zu berücksichtigen.« (beide Zitate aus Schlussbericht 2.1.4)

In diesen Tagen jährt sich die erste Tagung der Gesprächsreihe auf dem Leuenberg bei Basel zum 50. Mal.[15] Wer hätte damals vermutet, dass die Kirchengemeinschaft, über die damals diskutiert wurde, wirklich mit Leben gefüllt werden würde, dass sie Kirchen über den Eisernen Vorhang hinweg verbinden und länger Bestand haben würde als eben dieser Eiserne Vorhang? Mit dem Aufeinanderzugehen der Kirchen ging auch der politische Einigungsprozess Europas einher. Doch die Leuenberger Kirchengemeinschaft und später die GEKE verstanden sich nie als eine vorrangig auf das politische Europa bezogene Größe, sondern verfolgten immer das Ziel, innerhalb der evangelischen Kirchen Einheit und Gemeinschaft zu verwirklichen. Grundsätzlich ist das Modell nicht regional beschränkt, sondern soll auch auf andere Kontinente ausstrahlen, wobei es jeweils regional adaptiert werden sollte. Das Lehrgesprächsergebnis liefert eine Bilanz, wie in der Kirchengemeinschaft der GEKE die Einheit der Kirche erfahren wird: gemeinsam Gottesdienst feiern, gemeinsam theologisch nachdenken, gemeinsam handeln – gemeinsam Kirche sein. Das sind die Kernbereiche, in denen unsere Kirchengemeinschaft lebt. Manches brauchte einen langen Anlauf, doch die Gemeinschaft am Tisch des Herrn ist aus dem Leben unserer Kirchen nicht mehr wegzudenken, und die Einsicht, dass Europa der Raum ist, in dem uns als Kirchen aufgetragen ist, gemeinsam zu handeln (*Charta Oecumenica* 4), kann kaum mehr verloren gehen. Der Lehrgesprächstext bietet Anre-

---

[15] Vgl. Gross, a. a. O., 53.

gungen, wie sich die GEKE weiter entwickeln und die Kirchengemeinschaft vor Ort mit Leben gefüllt werden kann, und er gibt zugleich Kriterien an die Hand, die bei der Weiterentwicklung der GEKE zu bedenken sind.

Der Abdruck in diesem Band berücksichtigt die von der Vollversammlung vorgenommenen Änderungen und folgt ansonsten dem Text, der der Vollversammlung vorlag. Nur einige offensichtliche Flüchtigkeitsfehler wurden stillschweigend korrigiert. Das betrifft auch die Übersetzung ins Englische, die von Fleur Houston angefertigt wurde. Ihr sei ganz herzlich gedankt, und ebenso Elaine Griffiths, die den bislang nicht auf Englisch vorliegenden Bericht *Kirchengemeinschaft und Kirchentrennung* für diese Veröffentlichung übersetzte.

Mit diesem Text zusammen wird auch dieser Bericht von 1970 mit den Begleitschreiben an die Kirchen abgedruckt, dessen Bedeutung eingangs erläutert wurde. Er war bislang nur an zwei recht entlegenen Stellen veröffentlicht[16] und hat daher nicht die Beachtung gefunden, die ihm gebührte. Wir folgen dem Text der ersten Veröffentlichung und haben wiederum nur offensichtliche Fehler korrigiert sowie die Rechtschreibung modernisiert.

Wien, im April 2019

Dr. Mario Fischer
Generalsekretär der Gemeinschaft Evangelischer
Kirchen in Europa

Prof. Dr. Martin Friedrich
Studiensekretär der Gemeinschaft Evangelischer
Kirchen in Europa

---

[16] *Auf dem Weg II. Gemeinschaft der reformatorischen Kirchen. Berichte und Dokumente des lutherisch-reformierten Gespräches in Europa*; herausgegeben vom Sekretariat für Glauben und Kirchenverfassung. Zürich 1971, 8–24; Elisabeth Schieffer: *Von Schauenburg nach Leuenberg. Entstehung der Konkordie reformatorischer Kirchen in Europa.* Paderborn 1983, A55–A67.

Preface

The Leuenberg Agreement (LA) is the founding document of the Community of Protestant Churches in Europe (CPCE). It can safely be called the Magna Charta of the CPCE. In its 49 paragraphs the term »Kirchengemeinschaft« (originally translated as »church fellowship«) occurs 21 times. It is the key term, as it denotes the desired – and also achieved – result of this document:

> In the sense intended in this Agreement, church fellowship means that, on the basis of the consensus they have reached in their understanding of the Gospel, churches with different confessional positions accord each other fellowship in word and sacrament and strive for the fullest possible cooperation in witness and service to the world (LA 29).

After this brief definition, the LA did not go into further detail; that had happened three years earlier in 1970, in a document entitled *Kirchengemeinschaft und Kirchentrennung [Church Fellowship and Church Separation,* first translated into English in 2019]. Barely longer than the LA itself, the »Leuenberg report«, as it was called, is of enormous importance. After all, it was this report that convinced the European Protestant churches to start the process of concluding an agreement at all; without it, some of the basic decisions cannot be properly understood.

Up until 1970/73 the concept of »Kirchengemeinschaft« did not yet have the programmatic importance attributed to it now.[1] Coined in Germany in1950/51 with the founding of the Evangelical Church of the Union, it was soon taken up in the Lutheran World Federation. According to *The Nature of the Lutheran World Federation* (1963), church fellowship that takes

---

[1] On the term cf. Wilhelm Hüffmeier: Kirchengemeinschaft. In: *Evangelisches Staatslexikon. Neuausgabe.* Stuttgart 2006,1169–1173.

shape »in the official declaration of mutual pulpit and altar fellowship as well as mutual recognition of the offices conferred by ordination« should be »the real ecumenical goal« of the churches.[2] The LWF still regarded a common confession as the essential precondition for declaring church fellowship.

By contrast, the 1970 report – influenced by Lutheran systematic theologian Wenzel Lohff – emphasised that the doctrinal consensus presupposed substantive agreement on the foundation of the church but did not mean conformity in the wording of the confessions.[3] That is one new element in the understanding of church fellowship in the spirit of the Leuenberg Agreement. Another lies in its distinction (and also the link) between declaring and realising church fellowship (nowadays rendered as »church communion« in English). The fellowship in word and sacrament achieved through unity in faith urges us to achieve a maximum of unity in all other expressions of church life; church communion is, accordingly, both a project and a process.[4]

The dynamic character of the model led to a need for reassurance even after the agreement was concluded. Consequently, the document *The Church of Jesus Christ* (1994) brought out the theological foundations of this understanding of church communion, in particular the distinction between the ground, form and purpose of the church. In particular, it also discussed the consequences of intra-Protestant church communion for rela-

---

[2] Quoted from Harding Meyer: »Kirchengemeinschaft« als Konzept kirchlicher Einheit. Zur Entstehung und Bedeutung des Konzeptes. In: Ibid.: *Versöhnte Verschiedenheit. Aufsätze zur ökumenischen Theologie I.* Frankfurt am Main 1998, 137–162, here 150f.

[3] On the decisive role of Lohff cf. Meyer, op. cit., 154–156; Tuomo Mannermaa: *Von Preussen nach Leuenberg. Hintergrund und Entwicklung der theologischen Methode der Leuenberger Konkordie.* Hamburg 1982, esp. 89–92. 103–111. 163–170.

[4] This wording comes from Jan Gross: *Pluralität als Herausforderung. Die Leuenberger Konkordie als Vermittlungsmodell reformatorischer Kirchen in Europa.* Göttingen 2018,122 f.; he also gives a thorough analysis of this double purpose.

tions with other churches and confessions. The document has now appeared in its 5th edition.[5] It is considered to be not just a fundamental depiction of the ecclesiology of Protestant churches[6] but also a basic reference when it comes to positioning Protestant churches in dialogues about ecumenical goals. In fact, it has opened the way to a great number of CPCE interdenominational dialogues. Above all in the conversations with Orthodox churches[7] and in the recently concluded first series of consultations with the Pontifical Council for Promoting Christian Unity[8] it served as the starting point for reaching an understanding with other denominations about the path and goal of ecumenism.

Two things came out of these latter conversations: on one hand, the model of church communion does not represent an exclusively Protestant ecumenical model that is diametrically opposed to a Catholic one.[9] On the other hand, however, it became clear that there are still many questions to clarify before

---

[5]   Michael Bünker, Martin Friedrich (eds.): *The Church of Jesus Christ. The Contribution of the Reformation towards Ecumenical Dialogue on Church Unity* (Leuenberg Documents 1). Leipzig [5]2018.

[6]   See e.g. Reinhard Frieling: Art. Kirche. In: *Evangelisches Staatslexikon. Neuausgabe*. Stuttgart 2006, 1128–1139, here 1132f.

[7]   The four consultations held between 2002 and 2008 are documented in three volumes of Leuenberg Documents; most recently: Michael Beintker, Viorel Ionita, Jochen Kramm (eds.): *Baptism in the Life of the Churches. Documentation of an Orthodox-Protestant dialoque in Europe* (Leuenberger Texte 12), Frankfurt am Main 2011.

[8]   Christian Schad, Karl-Heinz Wiesemann (eds.): *Bericht über Kirche und Kirchengemeinschaft. Ergebnis einer Konsultationsreihe im Auftrag der Gemeinschaft Evangelischer Kirchen in Europa und des Päpstlichen Rats zur Förderung der Einheit der Christen*. Paderborn/Leipzig 2019. Available in English translation on https://www.leuenberg.eu/documents/.

[9]   In 2001 the Evangelical Church in Germany (EKD) issued a position paper on the Protestant understanding of church fellowship (*Kirchengemeinschaft nach evangelischem Verständnis*) which presented the Protestant and Catholic models – *cum grano salis* – as poles apart, but this encountered strong criticism, also within its own ranks.

the model of church communion can be recognised by other denominations. These questions concern its theoretical foundations, e. g. no debate has yet explicitly addressed the concept of *koinonia*, which has been used programmatically since 1991 in multilateral ecumenical settings. And there are also questions about the actual realisation of the ecumenical model in the Community of Protestant Churches in Europe.

These questions prompted the CPCE General Assembly in Florence in 2012 to come back to the understanding and consequences of »church fellowship« as a topic for a doctrinal conversation. The General Assembly requested »that particular attention be given to the positive potential and visibility of church fellowship«. It asked for »theological clarification of the binding character (›Verbindlichkeit‹)« … and for the »constitutional implications of church fellowship« to be taken into account.[10] The General Assembly thus hoped not only to obtain answers for the benefit of the interdenominational dialogues but, above all, inspiration for the future development of the CPCE. A debate has here long been held on whether the organisational build-up that has taken place since 1994 goes far enough, or whether the understanding of church fellowship does not impel us to take further steps. For example, since 1990 there has been a repeated call for a European synod of CPCE churches.[11] While the document *The Shape and Shaping of Protestant Churches in a Changing Europe*,[12] which evolved between 2002 and 2006, also

---

[10] Final report 7th General Assembly, Nr. 3.1. In: Michael Bünker, Bernd Jaeger (eds.). *Free for the Future. Protestant Churches in Europe.* Leipzig 2013, 262.

[11] Cf. Martin Friedrich: The Leuenberg Church Fellowship and the Discussion about a European Protestant Synod, in: Alberto Melloni, Silvia Scatena (Hg.): *Synod and Synodality. Theology, History, Canon Law and Ecumenism in new contact. International Colloquium Bruges 2003*. Münster 2005, 519–530.

[12] Published in the original German in: Wilhelm Hüffmeier, Martin Friedrich (eds.): *Gemeinschaft gestalten – Evangelisches Profil in Europa*: Texte der 6. Vollversammlung der Gemeinschaft Evangelischer Kirchen

brought about changes in the CPCE's working method, the prevailing impression was that even more could happen.

There were great expectations of the study process, which started early in 2013 with the establishment of a small working group. Keeping in constant contact with the CPCE Council, it drafted the first version of the document, which was then sent to the churches for their information. The initial draft basically consisted of the present parts 1 to 3. More than 40 representatives of the CPCE member churches discussed this text in depth at a consultation in Elspeet (Netherlands) in January 2015. After that, the working group was broadened to become a twelve-person editorial group, which produced a new version. Part 4 now appeared, with recommendations to the CPCE and its member churches. In summer 2016 the revised version was sent to the churches with a request for their responses, on the basis of which the editorial group revised the document once again.

The final version of the document has a clear structure. Part I takes stock – generally very positively – of the realisation of church fellowship in four areas of experience: communion in worship, communion in doctrine, communion evolving in shape, and communion in witness and service in Europe. Part II explains the theological foundations underlying the model of unity, referring to the study *The Church of Jesus Christ* and taking account of recent discussions and developments. Part III takes this further, describing the current challenges in our church communion along the concepts of *Verbindlichkeit*, reception and catholicity. They are the basis of the recommendations made in Parts IV and V – some in very specific form.

The discussion at the CPCE General Assembly in Basle in September 2018 was mainly about two issues. Firstly, the theological foundations were generally felt to be well described. The General Assembly only amended the statement that the CPCE

---

in Europa – Leuenberger *Kirchengemeinschaft*, in Budapest, 12.–18. September 2006. Frankfurt am Main 2007, 43–75. Available in English translation from the editor.

churches are *one* church into »that the CPCE churches are church *together*« (§ 90; likewise § 91). The implications of this expression are, however, to be further clarified, on the basis of an additional resolution: »The Council is instructed, with respect to the reception of the text ›Church Communion‹, to particularly focus on the question of what it means to speak of the CPCE as church / one church / church together« (Final Report 2.1.7).[13] The General Assembly also went ahead on another matter. Since the document had found that ›communion‹ and not ›community‹ was the appropriate English term for the CPCE it requested the Council »to engage in a process to alter the English name ›Community of Protestant Churches in Europe‹ to ›Communion of Protestant Churches in Europe‹« (Final Report 2.1.6).

Secondly, there was an intensive discussion about the recommendations. As has happened often, two essential concerns came into conflict here. The first was the principle that every individual church remains independent organisationally even as CPCE members, and differences – including in ministerial and leadership structures – should remain legitimate. The second was the conviction that, for the sake of deepening the communion, a voluntary limitation of autonomy could be necessary. The General Assembly affirmed the second concern as well, but worded the resolution expressly to support the voices of caution about over-enthusiasm for more institutional uniformity: »The General Assembly supports the deepening of communion of the Community of Protestant Churches in Europe, and that this continue to be done in conformity with the legislative provisions of member churches« (Final Report 2.1.5).

The motion to draw up a »Charta of Church Communion« likewise provoked a lively debate. This idea had attracted par-

---

[13] Published in: Mario Fischer, Kathrin Nothacker (eds.): *»Liberated – connected – commited« Protestant Churches in Europe. Documents of the 8th General Assembly of the Community of Protestant Churches in Europe (CPCE),* September 13th–18th 2018 in Basle, Switzerland. Leipzig 2019, 78–108.

ticular attention before the General Assembly and opinions were divided in Basle as well. Here, too, it adopted an amendment and deleted a sentence in §112 of *Church Communion* that would have moved the Charta too close to being a parallel document to individual church orders. In fact, when presenting the motion, André Birmelé, spokesperson for the working group on the doctrinal conversion, underlined straightaway that it could only be a matter of self-commitment in a spiritual sense.[14] The General Assembly then adopted a proposal that will be taken up by a working group in the coming years, in the context of a wider mandate that it described as follows:

> »The General Assembly asks the Council to initiate a process on how to understand the role and task of the CPCE. On the basis of mapping the CPCE's self-understanding and its perception by the member churches, this process should set out the consequences of the agreement on the understanding of the Gospel and the mutual recognition of the churches for their joint worship/spiritual, theological and diaconal life in church communion. The result could be a *Charta of church communion*, which would include a collection of commitments that have already been made, results that have already been achieved and their spiritual impact on member churches.« (Final Report 3.1.1)

With thanks to all concerned, including the churches which had influenced the final result through their responses, the General Assembly considered »the outcome of the doctrinal conversation to be a good description of the model of church communion on which the CPCE is based«. It adopted the outcome and asked that it »be taken into account in the future when determining the CPCE's internal organisation and external relationships« (both quotations from the Final Report, 2.1.4).

Half a century has passed since the first meeting in the series of doctrinal discussions took place at Leuenberg near Basle.[15]

---

[14] Cf. Fischer, Nothacker, op. cit., 183–186.

[15] Cf. Gross, op. cit., 53.

Who would have thought, back then, that the church fellowship they were discussing would really be filled with life? That it would connect churches across the Iron Curtain and exist for longer than that same Iron Curtain? The rapprochement among the churches went hand in hand with the process of political integration in Europe. Yet the Leuenberg Church Fellowship and later the CPCE never understood themselves as organisations primarily related to political Europe. Instead, they always pursued the aim of realising unity and community within the Protestant churches. Fundamentally the model is not limited to a specific region but is intended to radiate out to other continents, where it should be adapted to regional circumstances. The doctrinal conversation sums up how the CPCE as a communion of churches experiences church unity: worshipping together, reflecting theologically together, acting together – being church together. Those are core areas in which our church communion is alive and well. Some things need a long run-up, yet communion at the Lord's Table has become normality and the insight that we as churches are called to act together at the European level (*Charta Oecumenica* 4), has become a matter of course. The *Church Communion* document offers suggestions for how CPCE can further develop and fill church communion with life at the local level. And, at the same time, it provides criteria to be kept in mind when developing CPCE even further.

The text of *Church Communion* printed in this volume takes account of the amendments by the General Assembly and otherwise follows the version submitted to it. Only a few obvious slips were discreetly corrected. That also applies to the English version, which was translated by Fleur Houston. Many thanks to her and to Elaine Griffiths, who translated *Church Fellowship and Church Separation* (the »Leuenberg report«), dating from 1970.

We have included *Church Fellowship and Church Separation*, with the covering letter to the churches, as a companion document to *Church Communion* – its importance is explained above. The report was originally only published in German for a limited readership[16] and therefore did not find the attention it deserved. We have reproduced the text of the first German publication and have, again, only corrected obvious typographical errors and modernised the German spelling.

Vienna, in April 2019

Dr Mario Fischer
General Secretary of the Community of Protestant
Churches in Europe

Prof Dr Martin Friedrich
Study Secretary of the Community of Protestant
Churches in Europe

---

[16] *Auf dem Weg II. Gemeinschaft der reformatorischen Kirchen.* Berichte und Dokumente des lutherisch-reformierten Gespräches in Europa; herausgegeben vom Sekretariat für Glauben und Kirchenverfassung. Zürich 1971, 8–24; Elisabeth Schieffer: *Von Schauenburg nach Leuenberg. Entstehung der Konkordie reformatorischer Kirchen in Europa.* Paderborn 1983, A55–A67.

Kirchengemeinschaft – Church Communion – Communion Ecclésiale[1]

Ergebnis eines Lehrgesprächs der Gemeinschaft Evangelischer Kirchen in Europa

Von der 8. Vollversammlung der GEKE zu eigen gemacht

---

[1] Zu den Begriffen vgl. § 46.

Inhalt

Zu diesem Text

1) In den beiden zurückliegenden Jahrzehnten ist der für die Leuenberger Konkordie zentrale Gedanke der Kirchengemeinschaft immer stärker in das Blickfeld der Aufmerksamkeit gerückt. Das Interesse an einer vertieften und weiterführenden Klärung dessen, was als Kirchengemeinschaft verwirklicht und gelebt wird, hat auffällig zugenommen. Die Gemeinschaft, in der sich die Mitgliedskirchen der GEKE verbunden wissen und in der sie sich als Kirche wahrnehmen, inspiriert zu wachsender Gemeinsamkeit in den Vollzügen des kirchlichen Lebens und im Zeugnis und Dienst an der Welt. Indem sie sich mit der Leuenberger Konkordie gegenseitig als Kirche anerkannt und Kirchengemeinschaft erklärt haben, haben sich die Mitgliedskirchen der GEKE dazu verpflichtet, alles aus dem Weg zu räumen, was das mit der Kirchengemeinschaft gegebene Tatzeugnis von der in Christus gegebenen Einheit der Kirche verdunkeln kann. Hinter der Frage nach den Formen weiterer Ausgestaltung der Kirchengemeinschaft kam ein Bedarf an Klärung und Vergewisserung des Einheitsverständnisses zum Vorschein, den die Mitgliedskirchen der GEKE auf dem Weg von Belfast (2001) nach Budapest (2006) und dann nach Florenz (2012) immer deutlicher gespürt haben.

2) Es handelt sich um zwei Herausforderungen. Die erste Herausforderung kommt aus der weltweiten Ökumene. Andere Kirchen fragen immer wieder, was Kirchengemeinschaft ökumenisch bedeutet und wie die Mitgliedskirchen der GEKE sie gestalten. Sie haben den Eindruck, dass sich der Gedanke der Kirchengemeinschaft nur in begrenztem Umfang zum ökumenischen Modell eigne, da er eher die Vielfalt als die Einheit der Kirchen abbilde und so zur Bestärkung des Status quo tendiere. Die zweite Herausforderung kommt aus dem Kreis der Mitgliedskirchen selbst. Die evangelischen Kirchen Europas haben erkannt, dass sie enger zusammenarbeiten müssen, wenn sie mit ihrem Zeugnis in der Öffentlichkeit Europas gehört werden wol-

len. In der gegenwärtigen Situation gesellschaftlicher und politischer Transformationen kann die zwischen den Mitgliedskirchen der GEKE bestehende Kirchengemeinschaft nicht einfach auf ihren Kern, die gottesdienstliche Gemeinschaft in Verkündigung und Sakrament sowie kontinuierliche Lehrgespräche, beschränkt werden. Es waren neue Arbeitsfelder zu erschließen und Vernetzungen und Organisationsformen qualitativ weiterzuentwickeln.

3) Beide Herausforderungen haben den Rat der GEKE und die 7. Vollversammlung in Florenz (2012) dazu bewogen, das Thema Kirchengemeinschaft zum Gegenstand eines Lehrgesprächs zu machen. In diesem Lehrgespräch sollte »dem positiven Potenzial und der Sichtbarkeit der Kirchengemeinschaft besonderes Augenmerk gegeben« werden und »auch die theologische Klärung der Verbindlichkeit und die rechtlichen Implikationen der Kirchengemeinschaft beachtet werden«. Der nachfolgende Text bietet die Ergebnisse dieses Lehrgesprächs.

1 Eine Bilanz: Kirchengemeinschaft als Erfahrung der Einheit der Kirche

1.1 Kirchengemeinschaft in der Perspektive der Leuenberger Konkordie (1973)

4) Mit der Leuenberger Konkordie ist »Kirchengemeinschaft« zu einem Leitbegriff des ekklesiologischen und ökumenischen Selbstverständnisses der evangelischen Kirchen in Europa geworden.

5) Die der Konkordie zustimmenden evangelischen Kirchen verschiedenen Bekenntnisstandes haben »aufgrund ihrer Lehrgespräche unter sich das gemeinsame Verständnis des Evangeliums«, wie es in der Konkordie ausgeführt wird, festgestellt (LK 1). Das hat es ihnen ermöglicht, »Kirchengemeinschaft zu erklären und zu verwirklichen« (ebd.).

6) Die Konkordie folgt den in *Confessio Augustana* VII genannten Kriterien für die Einheit der Kirche. Die Übereinstimmung im Verständnis des Evangeliums und die einvernehmliche Klärung dessen, was die Kirchen zu Taufe und Abendmahl gemeinsam sagen können, bilden die Voraussetzung für die »Gemeinschaft an Wort und Sakrament« (LK 29). Die Vielfalt von gottesdienstlichen und ekklesialen Gestaltungsformen steht der Einheit nicht im Weg, wenn sich diese Vielfalt am gemeinsamen Verständnis des Evangeliums bewähren lässt.

7) Die mit der Zustimmung zur Konkordie erfolgende Erklärung der Kirchengemeinschaft besteht aus folgenden Elementen:

»a) Sie [die Kirchen] stimmen im Verständnis des Evangeliums, wie es in den Teilen II und III [der Konkordie] Ausdruck gefunden hat, überein.

b) Die in den Bekenntnisschriften ausgesprochenen Lehrverurteilungen betreffen entsprechend den Feststellungen des

Teils III nicht den gegenwärtigen Stand der Lehre der zustimmenden Kirchen.

c) Sie gewähren einander Kanzel- und Abendmahlsgemeinschaft. Das schließt die gegenseitige Anerkennung der Ordination und die Ermöglichung der Interzelebration ein.

Mit diesen Feststellungen ist Kirchengemeinschaft erklärt. Die dieser Gemeinschaft seit dem 16. Jahrhundert entgegenstehenden Trennungen sind aufgehoben. Die beteiligten Kirchen sind der Überzeugung, dass sie gemeinsam an der einen Kirche Jesu Christi teilhaben und dass der Herr sie zum gemeinsamen Dienst befreit und verpflichtet.« (LK 31–34)

Dabei ist die Anerkennung der Ämter im gemeinsamen Verständnis von Wort und Sakrament begründet und folgt aus ihm.

8) Mit der Erklärung der Kirchengemeinschaft stellt sich die Aufgabe ihrer Verwirklichung. Das geschieht »im Leben der Kirchen und Gemeinden«: »Im Glauben an die einigende Kraft des Heiligen Geistes richten sie ihr Zeugnis und ihren Dienst gemeinsam aus und bemühen sich um die Stärkung und Vertiefung der gewonnenen Gemeinschaft.« (LK 35) Damit werden gemeinsames Zeugnis des Evangeliums und gemeinsamer Dienst aus dem Evangelium zu entscheidenden Merkmalen gelebter Kirchengemeinschaft.

9) Daneben bildet theologische Weiterarbeit in Form von Lehrgesprächen (und gemeinsamen theologischen, ethischen und liturgischen Projekten) für die Kirchen der GEKE ein entscheidendes Element gelebter Kirchengemeinschaft. Dazu heißt es in LK 38: »Das gemeinsame Verständnis des Evangeliums, auf dem die Kirchengemeinschaft beruht, muss weiter vertieft, am Zeugnis der Heiligen Schrift geprüft und ständig aktualisiert werden.«

10) Gelebte Kirchengemeinschaft hat organisatorische und kirchenrechtliche Implikationen. In der Konkordie werden diese allerdings nur angedeutet und es wird zur Behutsamkeit geraten (vgl. LK 42–45).

11) Gelebte Kirchengemeinschaft blickt über sich hinaus; die an ihr beteiligten Kirchen »handeln aus der Verpflichtung heraus, der ökumenischen Gemeinschaft aller christlichen Kirchen zu dienen« (LK 46) und hoffen, »dass die Kirchengemeinschaft der Begegnung und Zusammenarbeit mit Kirchen anderer Konfessionen einen neuen Anstoß geben wird« (LK 49).

1.2 Die Kirche Jesu Christi (1994)

12) Mit der Studie *Die Kirche Jesu Christi* (KJC; Leuenberger Texte 1, [1995] [4]2012) hat die Vollversammlung der Leuenberger Kirchengemeinschaft 1994 in Wien die grundlegenden Auffassungen des evangelischen Verständnisses der Kirche dargelegt und die ekklesiologischen Prinzipien verdeutlicht, von denen die Signatarkirchen sich im ökumenischen Dialog leiten lassen.

13) Die Studie unterscheidet zwischen Grund, Gestalt und Bestimmung der Kirche: »Der *Grund* der Kirche ist das Handeln Gottes zur Erlösung der Menschen in Jesus Christus. Subjekt dieses Grundgeschehens ist Gott selbst und folglich ist die Kirche Gegenstand des Glaubens. Weil Kirche Gemeinschaft der Glaubenden ist, gewinnt ihre *Gestalt* geschichtlich vielfältige Formen. Die eine geglaubte Kirche (Singular) ist in unterschiedlich geprägten Kirchen (Plural) verborgen gegenwärtig. Die *Bestimmung* der Kirche ist ihr Auftrag, der ganzen Menschheit das Evangelium vom Anbruch des Reiches Gottes in Wort und Tat zu bezeugen.« (KJC, Einleitung, 4).

14) Das Geschehen, das Kirche überhaupt zur Kirche macht und allem menschlichen Reagieren und Agieren vorausgeht, ist das rechtfertigende, befreiende Handeln Gottes, das in der Predigt des Evangeliums zugesprochen und in den Sakramenten zugeeignet wird. Als Zeugin des Evangeliums in der Welt ist die Kirche zum »Instrument Gottes zur Verwirklichung seines universalen Heilswillens« bestimmt (KJC I. 3.2). Sie darf in dieser

Funktion nicht an die Stelle Jesu Christi treten wollen: »Sie wird dieser Bestimmung gerecht, indem sie in Christus bleibt, dem unfehlbaren einzigen Instrument des Heils.« (KJC I. 3.2).

15) Die eine, heilige, katholische und apostolische Kirche existiert in den erfahrbaren Kirchen – dort, wo in Wahrheit Wort und Sakrament gefeiert werden. Dazu gehört das für die Kirche konstitutive geordnete Amt (KJC I. 2.5.1.2). Wo in Wahrheit Wort und Sakrament gefeiert werden, erkennen sich unterschiedliche Kirchen gegenseitig als Kirche Jesu Christi an und können sich das Kirchesein nicht absprechen. So verstanden, ist die Vielfalt von Kirchen ein Reichtum.

16) Aus der Übereinstimmung im Verständnis des Evangeliums und der auftragsgemäßen Verwaltung der Sakramente folgt, im Sinne der Leuenberger Konkordie, die Erklärung der Kirchengemeinschaft. Die Verwirklichung der Kirchengemeinschaft ist jedoch nicht auf ein zentral durchstrukturiertes Einheitsmodell angewiesen. Der Vorgabe der Einheit, wie sie immer schon als Gabe Gottes an die Kirchen erfahren werden kann, suchen die Kirchen dadurch zu entsprechen, dass sie sich gemeinsam von der freien Gnade Gottes getragen wissen und gerade so und immer wieder neu nach dem gemeinsamen Verständnis des Evangeliums fragen (vgl. LK 38). Dadurch werden sie eins, dass Christus an ihnen und unter ihnen Gestalt gewinnt und gestaltend wirksam werden kann.

17) Die Leuenberger Konkordie ist eine Erklärung reformatorischer Kirchen in Europa. Sie wurde zum exemplarischen Modell für die Erklärung und Verwirklichung von Kirchengemeinschaft in anderen Regionen der Welt (vgl. auch KJC III. 3.1). Dort haben einige Kirchen Vereinbarungen getroffen, die der Leuenberger Konkordie vergleichbar sind, so 1998 lutherisch, reformiert und uniert geprägte Kirchen in den USA mit der *Formula of Agreement* und 2006 die lutherischen und reformierten Kirchen im Nahen Osten mit der *Amman-Erklärung*.

1.3 Verwirklichte und gelebte Kirchengemeinschaft

18) Die Geschichte der Leuenberger Kirchengemeinschaft, seit 2003 Gemeinschaft Evangelischer Kirchen in Europa, ist die Geschichte eines kontinuierlichen Zusammenwachsens ihrer über 100 Mitgliedskirchen. Kirchengemeinschaft wurde und wird erfahren als Gemeinschaft im Gottesdienst (3.1), als Gemeinschaft im Lehren (3.2), als Gemeinschaft wachsender Gestaltwerdung (3.3) und darin als Zeugnis- und Dienstgemeinschaft im heutigen Europa (3.4).

1.3.1 Kirchengemeinschaft wurde und wird in der GEKE als Gemeinschaft im Gottesdienst erfahren:
19) Kirchengemeinschaft erwächst aus der Begegnung zwischen dem Zeugnis des Evangeliums und den Menschen. Deshalb kommt sie am dichtesten in den gemeinsam gefeierten Gottesdiensten zum Ausdruck. In der GEKE sind Lutheraner, Reformierte, Methodisten und Unierte im Gottesdienst miteinander verbunden, sie haben Gemeinschaft am Tisch des Herrn, ihre Pfarrerinnen und Pfarrer tauschen die Kanzeln. Die GEKE als in Christus versöhnte Gemeinschaft lebt von Anfang an als Kanzel- und Abendmahlsgemeinschaft.

20) Zur Kanzel- und Abendmahlsgemeinschaft gehört die Pflege und Förderung des gemeinsamen gottesdienstlichen Lebens in Liturgie und Liedgut. In den zurückliegenden Jahren sind dazu zahlreiche Projekte entwickelt worden: die Einführung eines Leuenberg-Sonntags, die Erarbeitung liturgischer Materialien für gemeinsame Gottesdienste, die Entwicklung und Einführung des GEKE-Gesangbuchs *Colours of Grace* (2007), die Vernetzung der liturgischen Arbeit über ein vielgenutztes Internet-Portal und durch Gottesdienstkonsultationen.

1.3.2 Kirchengemeinschaft wurde und wird in der GEKE als Gemeinschaft im Lehren erfahren:
21) Kirchengemeinschaft wird im gemeinsamen theologischen Lehren und Lernen vertieft. Die Leuenberger Konkordie hat die Signatarkirchen zur theologischen Weiterarbeit verpflichtet –

generell zur Vertiefung, Prüfung und ständigen Aktualisierung des gemeinsamen Verständnisses des Evangeliums am Zeugnis der Heiligen Schrift (vgl. LK 38) und speziell zu Lehrgesprächen bzw. zur theologischen Arbeit an den Lehrunterschieden, »die in und zwischen den beteiligten Kirchen bestehen, ohne als kirchentrennend zu gelten« (LK 39).

22) Die Lehrgespräche haben maßgeblich Weg und Profil der Kirchengemeinschaft geprägt. Sie bestimmen den Arbeitsrhythmus zwischen den Vollversammlungen. Ihre Ergebnisse, die von autorisierten Projekt- und Arbeitsgruppen erarbeitet werden, liegen den Mitgliedskirchen vor der Beschlussfassung durch die Vollversammlung zur Stellungnahme vor. Deren Äußerungen fließen in die Endgestalt des Textes ein. Auf diese Weise wurden ein hoher Grad der Beteiligung und eine breite Rezeption erreicht.

23) In den zurückliegenden Lehrgesprächen sind zum einen die Themen bearbeitet worden, die in LK 39 für die Weiterarbeit benannt worden sind: das Verhältnis von Zwei-Reiche-Lehre und Lehre von der Königsherrschaft Jesu Christi (1975–1981), die Lehre von der Taufe und vom Abendmahl (1981–1987), Amt und Ordination (1976–1987, 2006–2012 unter expliziter Einbeziehung der Episkopé), Gesetz und Evangelium (1994–2001), Schrift und Bekenntnis (2006–2012). Zum anderen sind Studien entstanden, deren Erarbeitung sich aus dem Weg der Kirchengemeinschaft ergeben hat, so die Kirchenstudie *Die Kirche Jesu Christi* (1987–1994) und die auf ihr aufbauenden Studien *Kirche und Israel* (1994–2001), *Gestalt und Gestaltung protestantischer Kirchen in Europa* (2001–2006) und *Evangelisch evangelisieren* (2001–2006). Diese und zahlreiche weitere theologische Projekte wie z.B. die Studie *Das christliche Zeugnis von der Freiheit* (1987–1994) verdeutlichen das Gewicht theologischer Arbeit für die Intensivierung lebendiger Kirchengemeinschaft und der damit verbundenen Lernprozesse.

1.3.3 Kirchengemeinschaft wurde und wird in der GEKE als Gemeinschaft wachsender Gestaltwerdung erfahren:

24) Kirchengemeinschaft ist auf verlässliche Formen der Kommunikation und Organisation angewiesen. Im Laufe der 1990er Jahre wurde immer deutlicher, dass mit der anfangs intendierten institutionellen Schwäche der Leuenberger Kirchengemeinschaft Probleme auftauchten, für die eine angemessene Lösung gefunden werden musste. Es waren über die Lehrgespräche hinaus Arbeitsfelder zu erschließen, die auch eine stärkere Institutionalisierung erforderlich machten. Sie soll der wachsenden Gestaltwerdung der Gemeinschaft im Gottesdienst, im Lehren und in Zeugnis und Dienst Rechnung tragen.

25) Dem Ziel einer »Fortentwicklung der strukturellen und rechtlichen Gestalt der GEKE« und der »Erhöhung der Transparenz und Effizienz ihrer Entscheidungsabläufe« dienten eine Reihe von Maßnahmen, die von der Vollversammlung von Budapest (2006) angeregt (vgl. Schlussbericht *Freiheit verbindet*, Kap. 4) und bei der Vorbereitung und Durchführung der Vollversammlung von Florenz (2012) verwirklicht wurden. Es wurden klarere Regelungen für die Entsendung und Mandatierung der Delegierten und für die verbindlichere Gestaltung der Beteiligung der Kirchen eingeführt. In Budapest wurde ein Statut verabschiedet, durch das die Gemeinschaft den Charakter eines eigenen Rechtssubjekts erhielt. Aus dem Exekutivausschuss wurde 2006 ein Rat, dessen dreiköpfiges Präsidium die GEKE nach außen vertritt.

26) Beratungsgremien wurden ins Leben gerufen, die den Rat und das Präsidium mit ihrer Kompetenz begleiten und Stellungnahmen zu aktuellen Problemen vorbereiten: der Fachkreis Ethik (seit 2007) und der Fachkreis Ökumene (seit 2009). Seit 2007 werden verstärkt Angehörige der jüngeren Generation in die Arbeit der GEKE einbezogen.

27) Von Anfang an haben sich die Regionalgruppen in besonderer Verantwortung für Zeugnis und Dienst gesehen und die

regionale Vernetzung der Kirchengemeinschaft mustergültig vorangetrieben. So sind grenzüberschreitende Foren und Konsultationsformen der theologisch, sozialethisch und diakonisch orientierten Zusammenarbeit entstanden und haben sich als wichtige Kristallisationskerne des Zusammenwachsens und der Intensivierung von Kirchengemeinschaft in einzelnen europäischen Regionen erwiesen.

28) Mit dem Dokument *Die Ausbildung zum ordinationsgebundenen Amt in der Gemeinschaft evangelischer Kirchen in Europa* (2012) haben die GEKE-Kirchen ihr gemeinsames Verständnis guter theologischer Ausbildung dargelegt und ein Ausbildungskonzept entwickelt, an dem sich Kirchen, aber auch Fakultäten und Seminare orientieren können, um den Austausch von Pfarrerinnen und Pfarrern in der GEKE voranzubringen und auch auf diesem Weg ihren Zusammenhalt zu vertiefen und die Kirchengemeinschaft zu stärken.

1.3.4 Kirchengemeinschaft wurde und wird in der GEKE als Zeugnis- und Dienstgemeinschaft im heutigen Europa erfahren:

29) Der Konkordie ist das einmütige Zeugnis des Evangeliums ein wichtiges Anliegen. Daraus erwächst die Befreiung und Verbindung der Kirchen zum Dienst. Der Dienst gilt als »Dienst der Liebe dem Menschen mit seinen Nöten und sucht deren Ursachen zu beheben. Die Bemühung um Gerechtigkeit und Frieden in der Welt verlangt von den Kirchen zunehmend die Übernahme gemeinsamer Verantwortung.« (vgl. LK 36) Bis zum Fall des Eisernen Vorhangs wurde die Leuenberger Kirchengemeinschaft, wie sie damals hieß, als Gemeinschaft erfahren, in der die Systemgegensätze des geteilten Europas ihre die Menschen trennende Bedeutung verloren und Geschwisterlichkeit unter dem Evangelium über Grenzen hinweg gelebt werden konnte.

30) Im Laufe der 1990er Jahre traten die gesamteuropäische Dimension und die Aufgabe, auf der europäischen Ebene erkennbar zu werden, immer stärker in das Blickfeld. Die sich nach

der Überwindung der Teilung Europas eröffnenden neuen politischen und gesellschaftlichen Handlungsfelder machten Europa und Europafragen zu einem zentralen Thema. Die Europäische Evangelische Versammlung von Budapest (1992) appellierte an die evangelischen Kirchen Europas, ihre »Verantwortung für die Zukunft Europas gemeinsam wahr[zu]nehmen«, und richtete dabei den Blick besonders auf die Leuenberger Kirchengemeinschaft. Programmatisch war die Forderung der Vollversammlung von Belfast (2001), »die Stimme der evangelischen Kirchen in Europa deutlicher hörbar« werden zu lassen. Diese Forderung hat seitdem die Agenda der Leuenberger Kirchengemeinschaft bestimmt.

31) Die GEKE hat sich in den vergangenen Jahren immer wieder zu den Entwicklungen in Europa und zu seinen aktuellen Problemen geäußert, so mit einer Stellungnahme des Präsidiums *Der Krise entgegentreten* zum EU-Gipfel 2011 in Brüssel, 2012 mit einem Wort der Vollversammlung zur gegenwärtigen Lage in Europa mit den akuten Problemen der Finanz-, Wirtschafts- und Staatsschuldenkrise, 2014 mit einer Erklärung zur Europawahl, 2015 mit einer Erklärung zur Flüchtlingskrise *Shelter and welcome refugee*s, 2017 mit einer Erklärung zum 60. Jahrestag der Römischen Verträge. Die GEKE-Kirchen beteiligen sich bewusst an den sozialethischen Fragen, die Europa bewegen, z. B. mit den Orientierungshilfen zu lebensverkürzenden Maßnahmen und zur Sorge um Sterbende *Leben hat seine Zeit* (2011) oder zu Fragen der Reproduktionsmedizin *Bevor ich dich im Mutterleib gebildet habe* (2017).

32) Im Jahr 2009 ist die GEKE in eine Kooperation mit der Arbeitsgemeinschaft evangelischer Diasporawerke in Europa (AGDE) eingetreten. Die Arbeitsgemeinschaft stellt eine Plattform zur Koordinierung gemeinsamer Hilfsaktionen dar. Die zum Teil langjährigen Partnerschaften, das Erfahrungswissen in den Hilfswerken und die Spenderbindung für die Anliegen von Gemeindeaufbau, Bildung und Diakonie bieten ein nicht zu unterschätzendes Kapital und die Basis für eine mögliche Er-

weiterung der Agenda der GEKE um die Förderung kirchlicher Solidaritätsarbeit, wodurch neben dem Zeugnis- nun auch der **Dienst**charakter der Kirchengemeinschaft verstärkt und gestaltet wird.

1.4 Kirchengemeinschaft und Ökumene

33) Die Verpflichtung zur Ökumene gehört untrennbar zur Kirchengemeinschaft. Indem die an der Konkordie beteiligten Kirchen unter sich Kirchengemeinschaft erklären und verwirklichen, »handeln sie aus der Verpflichtung heraus, der ökumenischen Gemeinschaft aller christlichen Kirchen zu dienen. Sie verstehen eine solche Kirchengemeinschaft im europäischen Raum als einen Beitrag auf dieses Ziel hin« (LK 46 f.).

34) Im Zusammenhang mit dem 20. Jahrestag der Verabschiedung der Leuenberger Konkordie wurden auch weitere evangelische Kirchen zur Unterzeichnung der Konkordie eingeladen. So traten 1993 die Europäisch-Festländische Brüderunität und die Tschechoslowakische Hussitische Kirche der Kirchengemeinschaft bei. Von den seit Beginn schon an der Arbeit beteiligten lutherischen Kirchen Skandinaviens unterschrieben 1999 die Norwegische Kirche, 2001 die Evangelisch-Lutherische Kirche Dänemarks die Konkordie. Insbesondere die Norwegische Kirche unterstrich, dass sie zu diesem Schritt nicht zuletzt durch die ekklesiologische Klärung der Studie *Die Kirche Jesu Christi* veranlasst worden sei. 1997 kam es durch eine zusätzliche Erklärung zur Konkordie zum Beitritt der methodistischen Kirchen Europas, in der auch die besonderen methodistischen Anliegen berücksichtigt wurden (z. B. Heiligung, Dienstgemeinschaft).

35) Lutheraner und Reformierte kamen auch in anderen Kontinenten zu Erklärungen von Kirchengemeinschaft. Sie vollzogen diesen Schritt mit ausdrücklicher Berufung auf die Leuenberger Konkordie. Die *Formula of Agreement* und die *Amman-Erklärung*

(vgl. oben § 17) belegen als Erklärungen voller gegenseitiger Anerkennung die Bedeutung dieses Einheitsmodells über den europäischen Raum hinaus. Zuvor hatten bereits Kirchen aus den La-Plata-Staaten Lateinamerikas die Leuenberger Konkordie unterschrieben. Auch der weltweite internationale lutherisch-reformierte Dialog beruft sich ausdrücklich auf die durch die Leuenberger Konkordie entstandene Kirchengemeinschaft. Der erste Budapest-Bericht (1988) empfiehlt allen Kirchen, die historischen Lehrverurteilungen im Blick auf ihre heutige Bedeutung zu überprüfen, Kirchengemeinschaft in Wort und Sakrament zu erklären und einen gemeinsamen Weg des Zeugnisses und des Dienstes einzuschlagen. Der jüngste Bericht dieses Dialogs *Communion: On Being the Church* (2014) vertieft das gemeinsame Verständnis der Kirche. Auch hier sind die Verbindungslinien zur Studie *Die Kirche Jesu Christi* nicht zu übersehen.

36) Sowohl in Europa als auch in Nordamerika und Australien kam es in den vergangenen Jahren zu Erklärungen von Kirchengemeinschaft mit anglikanischen Kirchen. Die Abkommen von Meißen (1991) und Reuilly (2001) erklären Kirchengemeinschaft zwischen lutherischen, reformierten und unierten Kirchen, die die Leuenberger Konkordie unterzeichnet haben, mit der Kirche von England bzw. den anglikanischen Kirchen der britischen Inseln. Das zugrundeliegende Einheitsverständnis und das sich daraus ergebende Einheitsmodell entsprechen den Leuenberger Ansätzen. Auch wenn es am Ende nicht zur gemeinsamen Ausübung des Bischofsamtes kommt, werden über die erklärte Gemeinschaft in Wort und Sakrament die verschiedenen Ämter der Kirchen gegenseitig anerkannt. Im Dialog zwischen Lutheranern und Anglikanern kam es 1994 zur *Porvoo-Erklärung* zwischen den britischen Anglikanern und den lutherischen Kirchen Skandinaviens und des Baltikums, darunter auch Kirchen der Leuenberger Kirchengemeinschaft. Obwohl diese im Unterschied zur Leuenberger Konkordie zu einer gemeinsamen Ausübung des Bischofsamtes und so zu einer weiteren Sichtbarkeit der Einheit vorstoßen, steht doch auch hier

das Einheitsmodell und seine Gestaltwerdung in enger Verbindung zu dem, was in der Leuenberger Kirchengemeinschaft verwirklicht wurde. Ähnliches gilt für die lutherisch-anglikanischen Erklärungen, die in anderen Kontinenten dem Porvooer Ansatz folgten, wie die Erklärung *Called to common Mission* zwischen lutherischen und episkopalen Kirchen in den USA (1999), die *Waterloo Erklärung* zwischen den entsprechenden Kirchen in Kanada (2001) sowie der australische Prozess *A Common Ground*.

37) Mit anderen europäischen Kirchen, die sich auf die Reformation beziehen, kam es zu deutlichen Annäherungen. Der 1993 mit der Europäischen Baptistischen Föderation begonnene Dialog führte 2004 zu einem Dialogergebnis, welches beachtliche Fortschritte im Verständnis von Taufe und Kirche belegt. 2010 wurde eine Kooperationsvereinbarung unterzeichnet, die den Ausbau der bisherigen Kontakte und Beteiligungen an der gegenseitigen Arbeit vorsieht.

38) Aber auch das Verhältnis zu den anderen christlichen Konfessionen hat sich belebt. Durch die Studie *Die Kirche Jesu Christi* wurden neue ökumenische Gesprächsprozesse angestoßen. Sie sind vornehmlich der Ekklesiologie gewidmet. Von 2002 bis 2008 wurde ein entsprechender Dialog mit den orthodoxen Kirchen in der KEK geführt. Er führte zur Empfehlung von Vereinbarungen zur gegenseitigen Anerkennung der Taufe. 2013 wurde das offizielle Gespräch mit Vertretern der römisch-katholischen Kirche zu Fragen des Verständnisses von Kirche und Kirchengemeinschaft aufgenommen. Diese Entwicklungen zeigen, dass die auf der Leuenberger Konkordie fußende Kirchengemeinschaft der evangelischen Kirchen in Europa heute als ein eigenständiger ökumenischer Partner wahrgenommen wird.

2 Theologische Grundlagen

2.1 Die Kirche als Leib Christi und Gemeinschaft der Heiligen

39) Kirche ist ihrem Wesen nach Leib Christi (1 Kor 12,12 f.27). In der Gemeinschaft mit Jesus Christus gewinnen Menschen Gemeinschaft mit Gott und untereinander. Die biblische Rede vom Leib Christi macht deutlich, dass es die Kirche nur in der Gemeinschaft mit Christus als ihrem Haupt gibt (vgl. Eph 4,15 f; Kol 1,18) und dass sie entsprechend auch »den Grund ihrer Einheit nicht in sich selbst besitzt, sondern in Christus als ihrem im Geist gegenwärtigen und wirkenden Herrn« (KJC I. 2.1).

40) Obwohl die Leuenberger Konkordie keine Lehre von der Kirche entfaltet, markiert sie doch den Grund und Kerngedanken ihrer impliziten Ekklesiologie, indem sie betont: »Die Kirche ist allein auf Jesus Christus gegründet, der sie durch die Zuwendung seines Heils in der Verkündigung und in den Sakramenten sammelt und sendet.« (LK 2; vgl. LK 13) Die Gemeinschaft der Kirche wird gestiftet und lebt in der Verkündigung des Evangeliums und der Feier der Sakramente.

41) In der Studie *Die Kirche Jesu Christi* wird entfaltet, was in der LK angedeutet ist: Kirche ist in der Gemeinschaft mit Jesus Christus als dem Haupt der Kirche Gemeinschaft an den Heilsgaben (*communio [rerum] sanctorum*) und so die Gemeinschaft der Heiligen (*communio [hominum] sanctorum*) (vgl. KJC I. 1.3). Sie ist dies in der Kraft des Geistes Gottes, der als Leben spendender Geist nicht vereinzelt, sondern Menschen mit Gott in Jesus Christus und untereinander vereint.

42) Die Kirche verdankt ihr Sein mithin dem Wirken des dreieinigen Gottes, der als Vater durch den Sohn im Geist seinen Geschöpfen ihr Sein liebevoll gewährt und erhält, durch sein Wort die Entfremdung des Menschen in der Menschwer-

dung des Sohnes und der Sammlung der Kirche überwindet und so neue Gemeinschaft im Geist der Freiheit eröffnet (vgl. KJC I. 1.1 und I. 1.4). Diese Sicht teilt die GEKE mit der weltweiten Ökumene: »Diese erlösende Tätigkeit der Heiligen Dreieinigkeit ist wesentlich für ein angemessenes Verständnis der Kirche.« (*Die Kirche: Auf dem Weg zu einer gemeinsamen Vision*, Studie der Kommission für Glauben und Kirchenverfassung Nr. 214, Genf 2013, § 3). In diesem Sinne ist die Kirche Christus- und Geistgemeinschaft.

2.2 Gemeinschaft in Wort und Sakrament

43) Im Evangelium von Jesus Christus schenkt Gott seine bedingungslose Gnade und sagt Gerechtigkeit allein im Glauben zu. Auf diese Weise gewährt er neue Gemeinschaft mit sich selbst und befreit den Menschen aus der Situation der Entfremdung und des Widerspruchs gegen Gott zu einem neuen Leben und »setzt in mitten der Welt den Anfang einer neuen Menschheit« (LK 10). Im reformatorischen Verständnis des Evangeliums als Rechtfertigung allein aus Glauben ohne Werke ist die versöhnende und befreiende Kraft des Evangeliums neu zur Geltung gebracht worden. Hierin besteht die bleibende Übereinstimmung der Reformatoren, an die die Leuenberger Konkordie anschließt und die den Ausgangspunkt für die Überwindung der kirchentrennenden Lehrunterschiede zwischen den reformatorischen Kirchen bildet.

44) Durch die rechte Predigt des Evangeliums und die stiftungsgemäße Feier der Sakramente, Taufe und Abendmahl, werden Menschen in die Gemeinschaft mit Christus geführt und zur Kirche als Gemeinschaft der Heiligen/Glaubenden versammelt. Das Neue Testament spricht hier von der *koinonia* der Glaubenden, die zugleich *koinonia* mit ihrem Herrn ist (1. Kor 10,16f; vgl. Apg 2,42). Nur in der Gemeinschaft dieser in Christus geschenkten Heilsgaben ist die Kirche *Kirche Jesu Christi*. Entsprechend wird in LK 2 im Anschluss an CA VII betont, dass

die Übereinstimmung im Verständnis des Evangeliums und der Feier der Sakramente die notwendige, aber auch hinreichende Bedingung für die Einheit der Kirche ist.

45) Der biblische Begriff *koinonia* (Gemeinschaft) hat zentrale Bedeutung bekommen in der ökumenischen Suche nach einem gemeinsamen Verstehen des Lebens und der Einheit der Kirche (vgl. Kommission für Glauben und Kirchenverfassung: *Die Kirche: Auf dem Weg zu einer gemeinsamen Vision*, § 13). Kirche als Leib Christi ist Gemeinschaft (*communio*) in und durch die Teilhabe an den Heilsgaben der Verkündigung, der Taufe und des Herrenmahls. Durch diese gelangt nicht nur der Einzelne zur Gemeinschaft mit Gott in Christus. Vielmehr werden durch die Heilsgaben *zugleich* die Teilhabenden untereinander zur Gemeinschaft verbunden. Im Glauben an Christus vertrauen die Glaubenden nicht nur darauf, dass Christus ihnen je einzeln Gemeinschaft gewährt, sie wissen zugleich, dass die Gemeinschaft auch allen anderen Menschen gilt, die an Christus glauben. Im Glauben an Christus, der für alle gestorben ist, werden die Anderen darum zu Nächsten.

46) In der ökumenischen Bewegung hat sich in der deutschen Sprache der Begriff »Kirchengemeinschaft« durchgesetzt, um das lateinische Wort *communio* wiederzugeben. So ist er in die ursprünglich auf Deutsch verfasste Leuenberger Konkordie eingegangen. Dabei ist zu beachten, dass die deutsche Sprache nur über den Begriff Gemeinschaft verfügt, um sowohl *communio* als auch *communitas* wiederzugeben. »Kirchengemeinschaft« legt das Gewicht auf die *communio* und die dadurch ausgesagte ekklesiale Qualität. Die französische Sprache unterscheidet zwischen *communauté* und *communion, die* englische zwischen *fellowship, community* und (*ecclesial*) *communion*. Seit der Leuenberger Konkordie wurde in den französischen Texten der GEKE der Begriff »communion ecclésiale« als Äquivalent für »Kirchengemeinschaft« benutzt, in den englischen Texten aber der Begriff »church fellowship«. So wurde auch die Leuenberger Kirchengemeinschaft als Leuenberg Church Fellowship bezeich-

net. In anderen ökumenischen Texten, sowohl in innerprotestantischen als auch interkonfessionellen Dialogen, hat sich dagegen der Begriff »communion« (manchmal »ecclesial communion«, manchmal »church communion«) durchgesetzt. Um Missverständnisse zu vermeiden und einen Einklang mit dem internationalen ökumenischen Sprachgebrauch herzustellen, sollte künftig der Begriff »church communion« bevorzugt werden.

47) Die Übereinstimmung im Verständnis des Evangeliums ist nach evangelischer Auffassung konstitutiv sowohl für die Gemeinschaft der Kirche als auch für die Gemeinschaft der Kirchen (vgl. LK 6–12). Nach reformatorischer Einsicht geschieht die Rechtfertigung *sola gratia, sola fide, solo Christo* und *solo verbo.* Auf der Basis der Erkenntnis des gemeinsamen Verständnisses des Evangeliums konnten in der Leuenberger Konkordie die kirchentrennenden Lehrdifferenzen im Sakramentsverständnis, in der Christologie und der Prädestinationslehre in Konsensaussagen überwunden werden (vgl. LK 13–28). Gerade darin bewährt sich die fundamentale Bedeutung der Rechtfertigungslehre.

2.3 Bekenntnis, Lehre und Leben

48) Die Übereinstimmung im Glauben an das Evangelium wird in der Rechtfertigungslehre expliziert (vgl. LK 8). Die Gemeinschaft im Glauben entsteht jedoch nicht durch Lehraussagen, sondern durch die gottesdienstliche Verkündigung des Evangeliums in Wort und Sakrament, in der sich Jesus Christus in der Kraft des Geistes Gottes selbst vergegenwärtigt. Auch wenn die Übereinstimmung im Verständnis des Evangeliums nicht durch Lehraussagen geschaffen wird, bedarf sie doch der lehrmäßigen Entfaltung und Vergewisserung.

49) In der GEKE wird die Vielfalt der Bekenntnistraditionen der beteiligten Kirchen als Reichtum verstanden. In den Bekenntnisschriften der Reformationszeit sind die reformatorischen Ein-

sichten in den jeweiligen regionalen Kontexten und Problemkonstellationen konkret artikuliert worden. Sie sind Teil der Formierung der reformatorischen Kirchen, die wiederum in ihrer individuellen Geschichte die Providenz Gottes erkennen. Die Referenz auf die jeweiligen unterschiedlichen Bekenntnisschriften wird in der Leuenberger Konkordie als Bekenntnis des gleichen Glaubens anerkannt und daher nicht als Hindernis kirchlicher Gemeinschaft gesehen. Dies wurde durch die bisherigen Lehrgespräche bestätigt. Nicht die Übereinstimmung in einzelnen Bekenntnisformulierungen, sondern die Übereinstimmung im Verständnis des Evangeliums ist konstitutiv für die Gemeinschaft in Wort und Sakrament.

50) Der besondere Charakter der GEKE als Gemeinschaft von Kirchen verschiedenen Bekenntnisstandes basiert zum einen auf der Einsicht, dass die reformatorischen Bekenntnisse im Verständnis der im Evangelium zugesagten Rechtfertigung allein aus Glauben übereinstimmen und dies je nach Ort und Zeit auf verschiedene Weise zum Ausdruck bringen. Zum anderen basiert sie auf der in der Leuenberger Konkordie erreichten Überwindung der kirchentrennenden Lehrunterschiede in Bezug auf die Sakramente, die Christologie und die Prädestinationslehre. Solange einzelne Differenzen in Lehraussagen die Übereinstimmung im Verständnis des Evangeliums nicht in Frage stellen, ist die Verschiedenheit im Bekenntnisstand der Kirchen kein Hindernis für die Gemeinschaft, sondern Ausdruck einer legitimen Vielfalt.

51) Für die Verwirklichung der Kirchengemeinschaft ist es wesentlich, dass die Übereinstimmung im Verständnis des Evangeliums im Kontext aktueller Herausforderungen und in Auseinandersetzung mit den einzelnen Bekenntnistraditionen beständig vertieft und vergewissert wird (vgl. LK 37 f.). Dem dienen die Lehrgespräche als Teil des Prozesses, in dem die Kirchengemeinschaft zwischen konfessionsverschiedenen Kirchen verwirklicht wird.

52) Verbunden mit der Anerkennung verschiedener Bekennt-
nisbindungen und ihrer unterschiedlichen Gewichtung werden
in der GEKE zudem unterschiedliche Gestaltungsformen in allen
Bereichen des kirchlichen Lebens anerkannt. Das setzt jedoch
voraus, dass die Gestaltung und Organisation einer Kirche ihrem Auftrag der Verkündigung des Evangeliums in Wort und
Sakrament und damit dem Inhalt des Evangeliums selbst entsprechen (vgl. LK 12). Deshalb gehören der Austausch über die
Gestaltungsformen und die kritische theologische Reflexion zur
Verwirklichung und Vertiefung von Kirchengemeinschaft.

2.4 Herrenmahlsgemeinschaft und Kirchengemeinschaft

53) In der Feier des Herrenmahls kommt die Gemeinschaft der
Glaubenden mit Christus und untereinander in prägnanter
Weise sinnlich erfahrbar zum Ausdruck. In ihr vergegenwärtigt
und schenkt sich der gekreuzigte und auferstandene Christus
selbst und vergewissert die Feiernden seiner Gemeinschaft. Die
Verheißung der Gegenwart Jesu Christi gilt allen, die sich an
den verschiedensten Orten im Glauben um den Tisch des Herrn
versammeln. In jeder Feier des Herrenmahls sind die Feiernden
mit allen anderen christlichen Gemeinden, denen sich Jesus
Christus in der Mahlfeier vergegenwärtigt hat, vergegenwärtigt
und vergegenwärtigen wird, verbunden.

> Das bedeutet für die GEKE-Kirchen, dass nicht die Einladung
> aller Getauften zur gemeinsamen Feier, sondern vielmehr die
> Einschränkung und Begrenzung solcher Gemeinschaft der Re-
> chenschaft gegenüber dem einladenden Christus als dem Herrn
> der Kirche und gegenüber all denen, denen Gemeinschaft ver-
> weigert wird, bedarf.

54) Die Verbundenheit mit der gesamten Christenheit ist wesentlich für die Feier des Herrenmahls als Mahl der Gemeinschaft.

Vgl. dazu Kommission für Glauben und Kirchenverfassung: *Die Kirche: Auf dem Weg zu einer gemeinsamen Vision*, § 22: »Die Kirche ist *katholisch* wegen der überreichen Güte Gottes, ›welcher will, dass allen Menschen geholfen werde und sie zur Erkenntnis der Wahrheit kommen‹ (1. Tim 2,4). Durch die lebenspendende Kraft Gottes überwindet die Kirche in ihrer Sendung alle Schranken und verkündet allen Völkern das Evangelium. Dort, wo das ganze Geheimnis Christi anwesend ist, da ist auch die katholische Kirche (vgl. Ignatius von Antiochien, *Brief an die Smyrnäer*, 6), wie etwa in der Feier der Eucharistie. Die wesensmäßige Katholizität der Kirche wird untergraben, wenn kulturelle und andere Unterschiede sich zu einer Spaltung entwickeln können. Christen sind dazu berufen, alles zu beseitigen, was die Verkörperung dieser Fülle von Wahrheit und Leben, die der Kirche kraft des Heiligen Geistes gewährt wurde, behindert.«

In der Feier des Herrenmahls kommen Katholizität und Einheit der Kirche in besonderer Weise zur Darstellung. Kirchengemeinschaft und Herrenmahlsgemeinschaft bedingen sich gegenseitig.

55) Die Kirche Jesu Christi existiert in der Gemeinschaft von Gemeinschaften. Die überregionale Verbundenheit der Kirchen in der Christusgemeinschaft, die im Herrenmahl zum Ausdruck kommt, kann nicht als etwas Zusätzliches zur örtlichen bzw. regionalen Gemeinschaft einer Kirche gedacht werden. In der Christusgemeinschaft, die durch das Evangelium in der Kraft des Geistes vermittelt wird, werden faktisch nicht nur einzelne zur örtlichen Kirchengemeinschaft, sondern auch Kirchen auf regionaler und überregionaler Ebene untereinander verbunden.

56) Wenn die Kirchen der GEKE untereinander Kirchengemeinschaft erklären, dann wollen sie erkennbar zum Ausdruck bringen, dass sie als Kirche Jesu Christi in der Gemeinschaft von Gemeinschaften existieren. Auch wenn es sich bei ihnen um rechtlich selbständige Kirchen handelt, haben sie Anteil an und sind eine Gestalt der einen Kirche Jesu Christi. Kirchengemeinschaft ist »Tatzeugnis von der in Christus geglaubten Einheit

der Kirche« (so im »Leuenberg-Bericht«: *Kirchengemeinschaft und Kirchentrennung. Bericht der lutherisch-reformierten Gespräche in Leuenberg [Schweiz] 1969/70*, in: E. Schieffer, Von Schauenburg nach Leuenberg, 1983, A61). Indem die GEKE die Einheit der Kirche als in Christus gegeben bezeugt, bekundet sie indirekt ihren Charakter als eine in und durch Christus als Haupt geeinte Gemeinschaft von Gemeinschaften und ist darin eine Kirche (vgl. §81f.)

57) Die Zugehörigkeit zur Kirche Jesu Christi entscheidet sich an der reinen Predigt und der stiftungsgemäßen Feier der Sakramente. An diesen Kennzeichen lässt sich die eine, heilige, katholische und apostolische und darin die wahre Kirche Jesu Christi erkennen (vgl. KJC I. 2.3). Die Leitungsstrukturen und Organisationsformen kirchlichen Lebens müssen diesen Kennzeichen entsprechen und dürfen sie nicht verdunkeln. Für Kirchengemeinschaft als Gemeinschaft von Gemeinschaften ist es von entscheidender Bedeutung, die Gestaltung von Zeugnis und Dienst der Kirche im Austausch untereinander zu bedenken und zu prüfen und sich Rechenschaft darüber abzulegen, warum welche Strukturen und Gestaltungsformen der lokalen und/oder regionalen Gemeinschaft zu dienen vermögen. Die »geistliche Gemeinschaft drängt zu größtmöglicher Gemeinsamkeit im innerkirchlichen Leben und im Zeugnis und Dienst an der Welt. Sie verpflichtet dazu, alles aus dem Weg zu räumen, was das mit der Kirchengemeinschaft gegebene Tatzeugnis verdunkelt« (Leuenberg-Bericht, in: Schieffer, A61).

2.5 Kirche und Kirchengemeinschaft als Ausdruck des Rechtfertigungsgeschehens

58) Gottes schöpferische Verheißung der Rechtfertigung allein aus Glauben durch Christus begründet und eröffnet das rechte Verhältnis des Menschen zu Gott und zugleich die wahre Gemeinschaft der Menschen untereinander, das Leben in der Heiligung. Die Kirche als Gemeinschaft der Heiligen gründet in

diesem rechtfertigenden Handeln Gottes und ist zugleich Teil desselben, indem sie mit der Evangeliumsverkündigung in Wort und Sakrament beauftragt ist. Ohne die Rechtfertigung durch Gott gibt es kein Heil für den Menschen. Deshalb gehört die Kirche zu den Schritten, die Gott mit der Menschheit zur Verwirklichung des Heils geht. Darin besteht das Wahrheitsmoment des vielfach missbrauchten Satzes: *extra ecclesiam nulla salus*.

59) Nach evangelischem Verständnis ist die sich zum Gottesdienst versammelnde Gemeinde die elementare Verwirklichungsform der Kirche. Doch wie sich jede Ortskirche dem rechtfertigenden Handeln des dreieinigen Gottes verdankt, so verdanken sich auch Kirchen in der Gemeinschaft ihrer Ortskirchen und ebenso Kirchengemeinschaften von verschiedenen Kirchen diesem Geschehen der Heilsmitteilung.

60) Jede Ortsgemeinde, jede Kirche und Kirchengemeinschaft trägt in Zeugnis und Dienst Verantwortung für die Einheit, Heiligkeit, Katholizität und Apostolizität der Kirche. Nach reformatorischem Verständnis kommt solche Verantwortung nicht nur der Kirchenleitung bzw. den Amtsträgern, sondern der *tota ecclesia* und damit allen Gliedern der Kirche auf je ihre Weise zu. Was in der Ortsgemeinde und einer institutionell verfassten Kirche gilt, gilt auch für eine Kirchengemeinschaft. Die Verantwortung für die Einheit, Heiligkeit, Katholizität und Apostolizität kommt allen Gliedern und Kirchen der *communio* zu und bleibt stets deren Aufgabe. Demgemäß beschreibt die Kirchenstudie in ihrer Erklärung der Eigenschaften der geglaubten Kirche die aus dem Bekenntnis derselben jeweils resultierenden Aufgaben (vgl. KJC I, 2.3). Sie macht auf diese Weise deutlich, dass es zur Sendung der Kirche gehört, das im Handeln des dreieinigen Gottes gegründete Wesen der Kirche in der Welt erfahrbar werden zu lassen.

61) Um solche Verantwortung im Dienst der Einheit der Gemeinschaft zu gestalten, sind verbindliche Formen des Austauschs, der Urteilsbildung und Abstimmung wichtig. Nur so

lässt sich auch dafür Sorge tragen, dass sich die Übereinstimmung im Verständnis des Evangeliums im Umgang mit Fragen der Kirchenleitung und Ethik bewähren kann und nicht an diesen Herausforderungen zerbricht.

Zu den brisantesten Fragen, die Kirchen und Kirchengemeinschaften weltweit beschäftigen und vielfach vor Zerreißproben stellen, gehören gegenwärtig zum einen das Thema der Ordination von Frauen, zum anderen die Bewertung und rechtliche Stellung gleichgeschlechtlicher Lebensgemeinschaften im allgemeinen und bei Amtsträgerinnen und Amtsträgern im Besonderen. In den Differenzen zeigt sich, wie unterschiedlich die Treue zum Evangelium ausgelegt wird. Dahinter verbergen sich nicht zuletzt unterschiedliche Einschätzungen der Entwicklungen zur Moderne und unterschiedliche Formen der Bibelhermeneutik. Entscheidender Ausgangspunkt für die gemeinsame Reflexion muss auch hier das Rechtfertigungsgeschehen sein.

62) Die Rechtfertigung allein aus Glauben, die allein im Wirken des dreieinigen Gottes gründet, schenkt Einsicht in die Liebe Gottes, öffnet Menschen für die Gemeinschaft mit Christus und befreit sie so zur Gottes- und Nächstenliebe. Liebe ermöglicht die Anerkennung des Anderen und das Leben mit Differenzen. Konstitutiv für das Sein und Bleiben in der Christusgemeinschaft ist es, Gottes Rechtfertigungshandeln und die darin manifeste Liebe als Grund und Maßstab für Zeugnis und Dienst anzusehen und nicht eigenmächtig andere Maßstäbe setzen zu wollen. Was für den einzelnen gilt, gilt auch für die Kirchen: Maßgaben für die Gestaltung kirchlichen Zusammenlebens sind darauf zu befragen, ob sie dem im Evangelium offenbaren Gemeinschaftswillen Gottes entsprechen und von dem Willen geleitet sind, Gemeinschaft durch Verlässlichkeit und im kreativen Umgang mit Differenzen zu wahren.

63) Wenn die Kirche als *communio sanctorum* und mithin auch die Gemeinschaft von Kirchen in einer Kirchengemeinschaft durch das rechtfertigende, heiligende und einende Handeln des dreieinigen Gottes begründet wird, so bedarf nicht die Stärkung

und Wahrung der Gemeinschaft, sondern das Abrücken von derselben der Rechenschaft. Die Einsicht, dass zur wahren Einheit der Kirche die Übereinstimmung im Verständnis des Evangeliums und der stiftungsgemäßen Feier der Sakramente ausreichend ist (*satis est*), verpflichtet zur Bewahrung und Vertiefung der Gemeinschaft. Dies gilt nicht nur dann, wenn Konflikte in Auslegungsfragen entstehen, sondern auch dann, wenn unklar ist, ob Differenzen etwa in ethischen Fragen die Übereinstimmung im Evangelium gefährden bzw. in Frage stellen. Das *satis est* ist nicht als Diskursbegrenzungsformel zu lesen. Vielmehr gilt umgekehrt, dass gerade aufgrund der fundamentalen Bedeutung der Übereinstimmung im Evangelium alles zu tun ist, um auch im Konfliktfall an der Gemeinschaft festzuhalten und an den offenen Fragen weiterzuarbeiten. Darin und nicht in der Absage gegenüber der Gemeinschaft realisiert sich die Treue zum Evangelium und damit die Apostolizität der Kirche.

64) In der Studie *Die Kirche Jesu Christi* explizieren die Kirchen in der GEKE gemeinsam ihr Verständnis der Kirche und die Bedeutung des Amtes für das Kirchesein der Kirche. Die Aufgabe, das Wesen der Kirche in Zeugnis und Dienst erfahrbar werden zu lassen, legt es nahe, die bereits vorhandenen Strukturen für diese Aufgabe in Gestalt der Vollversammlung, des Rates, der Beratungsgremien, der Lehrgespräche, der Kontakte und Zusammenarbeit auf Gemeindeebene weiterzuentwickeln.

3 Herausforderungen: Verbindlichkeit – Rezeption – Katholizität

65) Die Begriffe *Verbindlichkeit, Rezeption* und *Katholizität* fassen die Herausforderungen zusammen, vor welchen die GEKE heute steht. Es geht um die Stärkung und Vertiefung der Gemeinschaft reformatorischer Kirchen in Europa, um die Verwirklichung der in der GEKE erklärten, gelebten und angestrebten Einheit der Kirche Jesu Christi und auch um die Glaubwürdigkeit dieses Einheitsmodells.

3.1 Verbindlichkeit

66) Die Behauptung, *dass* die Leuenberger Konkordie verbindlich sei, hat nur dann ihren wahren Sinn, wenn gleichzeitig verdeutlicht wird, *wie* die Leuenberger Konkordie oder *was* in der Leuenberger Konkordie verbindlich ist. Verbindlich ist die Erklärung von Kirchengemeinschaft zwischen bisher getrennten Traditionen, die sich nun in ihrem Anderssein als wahrer Ausdruck der einen Kirche Jesu Christi anerkennen und dies dadurch ausdrücken, dass sie einander Kanzel- und Sakramentsgemeinschaft gewähren, und so gemeinsam Kirche sind.[1]

---

[1] Hier steht in der englischen (und französischen) Übersetzung eine Fußnote zum deutschen Wort »Verbindlichkeit«: This German term conveys the obligatory character (the authority) of an agreement, of a mutual engagement, in this case of a declaration of communion. It is a matter of the new bond, which now exists between the partners, a bond of trust which goes beyond the solely formal or juridical dimension. The Latin *obligare* – from the verb *ligare* (to bind) – and the ensuing notion of obligation cannot be conveyed in English or in French, where these notions have another meaning today. The original meaning is only found in rare expressions, sometimes from another age, such as noblesse oblige. One could certainly talk of »authority« to express this new reality so long as we remember that the root of »authority« is on

67) Diese Verbindlichkeit wird in der Leuenberger Konkordie selbst ausgeführt, indem sie drei Schritte eng miteinander verknüpft. Die drei Elemente sind folgende: a) das gemeinsame Verständnis des Evangeliums, b) die Feststellung des Nichtzutreffens der historischen Lehrverurteilungen im Blick auf den heutigen Partner und c) die gegenseitige Anerkennung als wahrer Ausdruck der Kirche Jesu Christi. So kommt es zur Erklärung der Kirchengemeinschaft, die ihren Ausdruck in der gemeinsamen Feier von Wort und Sakrament und der sich daraus ergebenden gegenseitigen Anerkennung der Ämter findet. Verbindlich sind nicht a), b) und c) als solche, sondern das Zusammenspiel und die in der Konkordie vorgeschlagene Artikulation dieser drei Dimensionen. Durch ihre Zustimmung hat jede Synode (bzw. die ihr entsprechende kirchenleitende Instanz) der Signatarkirchen der Artikulation dieser drei Elemente zugestimmt. Sie hat die Konkordie und die aus ihr hervorgegangene GEKE für verbindlich erklärt und sich somit für ein besonderes ökumenisches Einheitsmodell entschieden. Dieses Einheitsmodell, das heute häufig als »Einheit in versöhnter Verschiedenheit« beschrieben wird, wurde auf ähnliche Weise in anderen ökumenischen Prozessen aufgenommen.

68) Das Gleiche gilt auch im Blick auf die Verbindlichkeit der anderen Erklärungen von Kirchengemeinschaft der Signatarkirchen der Leuenberger Konkordie mit den Methodisten oder einzelner GEKE-Kirchen mit den Anglikanern.

---

the one hand »author« but even more the Latin verb *augere*: to grow. One could speak of »mutual accountability«, but this does not express the full meaning of the term »Verbindlichkeit«. We use in consequence this German word and sometimes »authority« to take account of this reality. This is a provisional solution. It is preferable to find an adequate English term. Perhaps the phrase »loyalty obligation«, as described in John Kleinig's book »On loyalty and loyalties: the contours of a problematic virtue« (OUP 2014), pp. 193 ff., may be applicable.

69) Die besondere Verbindlichkeit, die die Leuenberger Konkordie beansprucht und die 1973 ein Novum darstellte, wird nicht immer gesehen. Gewiss würde man heute einiges anders formulieren als damals. Die Leuenberger Konkordie ist auch keine neue Bekenntnisschrift (vgl. LK 37). Nicht die einzelnen Formulierungen sind als solche unbedingt verbindlich. Die Konkordie erhebt auch keineswegs einen Anspruch auf Vollständigkeit. Selbst das dargelegte rechte Verständnis des Evangeliums erhält seine Verbindlichkeit im Zusammenspiel mit den anderen Elementen: dem Nichtzutreffen der Lehrverurteilungen und der Anerkennung des Kircheseins der anderen Tradition in ihrem Anderssein. Die Artikulation und das Zusammenspiel der drei genannten Elemente sollten auch heute als das Zentrale und das Verbindliche im Mittelpunkt stehen.

> Es heißt nicht ohne Grund:»Kirchen verschiedenen Bekenntnisstandes« erklären einander Kirchengemeinschaft (LK 29, 37). Pointiert formuliert: Kirchengemeinschaft ist nach reformatorischem Verständnis stets auch Bekenntnisgemeinschaft, Gemeinschaft im Bekennen. Doch ist Bekenntnisgemeinschaft nicht identisch mit der Bindung an im Wortlaut identische Bekenntnisschriften. Die Bindung gewisser Teilnehmer an andere Bekenntnisschriften verbietet nicht die gemeinsame *confessio* in ihrer vollen Dimension als *leiturgia, martyria* und *diakonia* (s. das Lehrgesprächsergebnis *Schrift, Bekenntnis, Kirche*). In der Bindung an verschiedene Bekenntnisstände ist die GEKE Bekenntnisgemeinschaft. Das ist die Konsequenz der von der Konkordie beanspruchten Verbindlichkeit.

70) Wenn die Verbindlichkeit der Leuenberger Konkordie darin besteht, dass»Kirchen verschiedenen Bekenntnisstandes aufgrund der gewonnenen Übereinstimmung im Verständnis des Evangeliums einander Gemeinschaft an Wort und Sakrament gewähren und eine möglichst große Gemeinsamkeit in Zeugnis und Dienst an der Welt erstreben« (LK 29), dann muss es einen Ort geben, wo diese Verbindlichkeit verifizierbar ist. Andernfalls wäre diese Gemeinschaft nicht erfahrbar. Die Konkordie weiß darum. Von ihr ausgehend haben sich für die GEKE

fünf Orte der Verifikation ergeben: a) Gemeinschaft im Gottesdienst, b) Gemeinschaft im Lehren durch theologische Weiterarbeit, c) Gemeinschaft wachsender Gestaltwerdung, d) Gemeinschaft des Zeugnisses und Dienstes im heutigen Europa, e) Gemeinschaft in ökumenischer Verantwortung (s. o. 1.3). Diese fünf stehen im Dienste der Verbindlichkeit und sind die Orte, wo sie sich ausdrückt und verifiziert werden kann. Dies wird in anderen Erklärungen von Kirchengemeinschaft ähnlich formuliert.

71) Besonderes Gewicht legt die Konkordie auf die theologische Weiterarbeit. Dabei handelt es sich nicht um das Bemühen um die Erarbeitung einer gemeinsamen Bekenntnisschrift, sondern um die stete Verifikation der Grundverbindlichkeit, die in der gemeinsamen Feier von Wort und Sakrament zum Ausdruck kommt. Theologische Fragen, alte wie neue, in denen die verschiedenen Traditionen verschieden denken, müssen kontinuierlich bearbeitet werden, damit keine von ihnen kirchentrennend werde und so die Verbindlichkeit der Konkordie aufhebe. Unterschiede gehören zur Kirchengemeinschaft. Nicht der Unterschied als solcher muss überwunden werden, sondern sein potentiell kirchentrennender Charakter. Kriterium für die Legitimität eines Unterschiedes ist die Feststellung, ob dieser die Gemeinschaft in Wort und Sakrament aufheben kann oder nicht. Dies gilt grundsätzlich für jede einzelne dogmatische oder ethische Frage. Diese müssen an der Grundverbindlichkeit der Konkordie verifiziert werden. Damit wird das gemeinsame Verständnis des Evangeliums weiter vertieft, am Zeugnis der Schrift geprüft und aktualisiert (vgl. LK 38). Wer hier einen Minimalkonsens vermutet, übersieht, dass die Verbindlichkeit der Erklärung von Kirchengemeinschaft Konsequenzen für jeden Bereich der Theologie und des Lebens der Kirche hat. Auch die Fähigkeit, dieses Modell für die gesamte Ökumene fruchtbar werden zu lassen, wird als Ort der Verifikation der Verbindlichkeit verstanden.

72) Dieses Verständnis der Verbindlichkeit basiert auf der Übernahme von Grundentscheidungen der Reformation in die Ökumene.

73) Das Beispiel des Bezugs auf die Schrift verdeutlicht dies. Dass die Schrift verbindlich ist und Autorität hat, wird allgemein behauptet. Entscheidend jedoch ist die Frage, *wie* und *weshalb* sie verbindlich ist. Die klassische reformatorische Antwort lautet: Sie ist verbindlich, insofern und weil sie das Evangelium bezeugt – das Handeln Gottes *pro nobis,* das in Menschwerdung, Kreuz und Auferstehung Jesu Christi geschehen ist. Nicht der Buchstabe der Schrift, sondern das in ihr zur Sprache kommende Evangelium ist verbindlich. Ähnliches gilt auch von den Bekenntnisschriften, die nicht als juridischer Text verbindlich sind, sondern deshalb, weil sie als *norma normata* den Rahmen angeben, in welchem die *norma normans,* das Evangelium, in einer neuen Situation uneingeschränkt zur Geltung gebracht werden soll. Von daher werden unsere einzelnen Kirchen gestaltet und strukturiert. Das Verfahren der Konkordie und ihr Anspruch auf Verbindlichkeit stehen in direkter Analogie zu diesen Grundentscheidungen unserer Kirchen.

Mit der Verbindlichkeit von Referenztexten haben nicht wenige Kirchen Probleme. Die Verbindlichkeit der Schrift wird gewiss überall betont. *Wie* diese aber ausgelegt wird, ist vielerorts umstritten. Dies gilt erst recht im Blick auf die Verbindlichkeit des Bekenntnisses und der Bekenntnisschriften. Diese werden oft als historische Texte betrachtet, deren Verbindlichkeit abgelaufen ist. Vor diesem Hintergrund lassen sich vermutlich manche derzeitige Schwierigkeiten erklären, nicht zuletzt jene, zu gemeinsamer verbindlicher Lehrentwicklung zu gelangen. So führt die Frage nach der Verbindlichkeit der Leuenberger Konkordie direkt zu ungelösten Fragen innerhalb der einzelnen Kirchen. Die ökumenische Arbeit erweist sich als unbestechlicher Spiegel der internen Probleme unserer einzelnen Kirchen und wirkt als ein starker Impuls, der die Diskussion über Bedeutung und Rolle der Verbindlichkeit von Referenztexten voranbringt.

74) Wachsende Verbindlichkeit ist das Werk des Heiligen Geistes und zugleich Ausdruck menschlichen Wirkens und Wollens. Sie verwirklicht sich nicht von einem Tag auf den anderen. Die Geschichte der Aufnahme der Leuenberger Konkordie in den einzelnen Kirchen ist der beste Beleg für eine wachsende Verbindlichkeit. Ein anfangs oft umstrittener Text hat im Laufe der Zeit eine heute weithin unumstrittene Verbindlichkeit erlangt. Die geschenkte und erklärte Gemeinschaft verpflichtet. Man hat sich gemeinsam auf den Weg gemacht. Es entstand eine verbindliche Tradition, welche die Kirchen zu einem neuen Bewusstsein geführt hat und aus welcher die Kirchen schöpfen.

3.2 Rezeption

75) Rezeption ist ein Prozess, in welchem eine Kirche oder eine kirchliche Tradition sich eine Wahrheit aneignet, die sie sich nicht selbst gegeben hat, die sie jedoch anerkennt und als Glaubensformulierung übernimmt. Rezeption unterscheidet sich vom Akt des Gehorsams, in dem ein Untergebener seinen Willen und seinen Wandel nach den legitimen Vorschriften eines Vorgesetzten aus Respekt vor dessen Autorität ausrichtet. Rezeption setzt die freie Beurteilung und Zustimmung derer voraus, die zur Rezeption aufgefordert sind. In solch einem Prozess befinden sich die Kirchen der GEKE.

76) Rezeption kann sich nicht auf den formalen Akt der Zustimmung beschränken. Erst die geistliche Annahme, die Übernahme des zu Rezipierenden in das geistliche Leben der Gemeinschaft, gibt dem zu Rezipierenden seine eigentliche Autorität. Ökumenisch formuliert: Es geht nicht bloß um Information oder nur um Begutachtung eines Dialogergebnisses. So kann z. B. die Rezeption eines Lehrgesprächsergebnisses sich nicht darauf beschränken, dass einzelne Synoden diesen Ergebnissen formal zustimmen. In der Rezeption schafft der theologisch verbindliche Konsens eine neue Qualität der Gemeinschaft

zwischen Traditionen, die sich getrennt haben oder zumindest fremd geworden sind, obwohl sie sich gleichzeitig auf das Evangelium beriefen. Es ist das Werk des Heiligen Geistes, dass einige Ergebnisse sich mit der Zeit durchsetzen, zu Referenztexten werden und dadurch Verbindlichkeit erlangen (z. B. die Studie *Die Kirche Jesu Christi*).

77) Solch ein ökumenischer Rezeptionsvorgang kann durchaus mit solchen Vorgängen der Kirchengeschichte, in der lokale Kirchen überlokale auf Synoden und Konzilien beschlossene Aussagen rezipiert haben, verglichen werden. Erst die Rezeption vor Ort verleiht einem Konzilsbeschluss seine konkrete Autorität. Hinzu kommt, dass Lehrentscheidungen – z. B. diejenigen der ersten Konzilien – immer beides gewesen sind: sowohl Ausgangspunkt als auch Zielpunkt der Rezeption. Dies gilt auch für die Ökumene, wo es oft das zu rezipieren gilt, was vor Ort schon längere Zeit Wirklichkeit ist.

78) Es gibt entscheidende Unterschiede zwischen der Rezeption von Konzilsbeschlüssen durch die örtlichen Kirchen (wie z. B. bei den Glaubensbekenntnissen der ersten Jahrhunderte) und der ökumenischen Rezeption, wie sie in der GEKE geschieht. Die Kirchen der GEKE rezipieren die gegenseitige Anerkennung einer anderen Gemeinschaft in ihrem Anderssein. Eine kirchliche Tradition in ihrem Anderssein als Ausdruck der wahren Kirche anzuerkennen, ist ein ungewöhnlicher Vorgang. Eine solche Rezeption ist jedoch ökumenisch entscheidend und ist die positive Herausforderung, welcher sich die Kirchen der GEKE stellen. Sie steht täglich vor neuen Aufgaben, die man nicht nur durch Rückgriff auf analoge Situationen in der Geschichte lösen kann. Sie verlangen nach Kreativität und brauchen auch ihre Zeit. Im Bereich der GEKE sind auf diesem Wege viel mehr Schritte getan worden, als oft vermutet wird.

Eine solche Rezeption umfasst eine Reform der eigenen Tradition, eine Überprüfung oder gar Modifizierung »meiner« Überzeugungen, sowie eine andere Einschätzung der »Wahrheit« einer anderen Tradition, die »meine« Kirche nunmehr als legitimen Ausdruck der einen Kirche Jesu Christi versteht.

79) In einem solchen Vorgehen ereignet sich wahre Versöhnung. Die gegenseitige Anerkennung öffnet den Weg für ein tatsächlich gemeinsames Leben – zu einer wahrhaftigen Gemeinschaft legitim unterschiedlicher Kirchen an einem Ort. So liegt in der Formel »Einheit in versöhnter Verschiedenheit« ein besonderes Gewicht auf dem Aspekt der Versöhnung.

80) Rezeption verlangt eine besondere Offenheit für Konziliarität. In der GEKE vollzieht sie sich im Zusammenspiel zwischen Entscheiden der Vollversammlung und dem *sensus fidelium* der beteiligten Kirchen. Hier fällt den einzelnen Synoden und Kirchenleitungen eine besondere Verantwortung zu. Sie haben bereits durch die Erklärung der Kirchengemeinschaft einen entscheidenden Schritt getan. Doch damit ist die Sache nur eingeleitet. Nun gilt es, auch im Leben der einzelnen Kirchen und der Arbeit ihrer Synoden diese Kirchengemeinschaft zu verwirklichen. Die Leuenberger Konkordie unterscheidet bewusst zwischen Erklärung und Verwirklichung; diese Unterscheidung strukturiert ihren gesamten Text.

> Es hat gewiss nie ein GEKE-Konzil gegeben. Jedoch ist durch den Beschluss der Synoden oder der ihnen entsprechenden Instanzen, Kirchengemeinschaft zu erklären und zu verwirklichen, die Situation der Kirchen der GEKE nicht mehr präkonziliar wie in den meisten anderen zwischenkirchlichen ökumenischen Dialogen. Die Situation der GEKE ist konziliar, auch ohne eine gemeinsame Synode.

3.3 Katholizität

81) Da Gottes Heil der ganzen Welt gilt, ist die von ihm gestiftete Kirche eine allumfassende (katholische) Gemeinschaft. An ihr haben die Glaubenden aufgrund ihrer Taufe schon immer teil. Katholizität ist neben der Einheit, der Heiligkeit und der Apos-

tolizität ein Wesensmerkmal der Kirche Jesu Christi. Die eine Kirche beruht auf der Verheißung einer alle Menschen umfassenden Gemeinschaft. Katholizität bedeutet grenzüberschreitendes gemeinsames Kirchesein über alle konfessionellen, ethnischen, sprachlichen, nationalen Grenzen hinweg (vgl. Gal 3,28). Erst das Bewusstsein der Katholizität verleiht allen ökumenischen Bemühungen ihren Sinn.

82) Katholizität ist extensive Einheit. Die Leuenberger Konkordie ist sich dessen bewusst und bringt das dadurch zum Ausdruck, dass die verwirklichte Kirchengemeinschaft »der ökumenischen Gemeinschaft aller christlichen Kirchen dienen« will (LK 46). Diese Verpflichtung wurde von den Signatarkirchen wahrgenommen und in die Tat umgesetzt, zunächst im Dialog mit den methodistischen Kirchen und der Erweiterung der Gemeinschaft von der Leuenberger Gemeinschaft zur GEKE. Ein weiterer Schritt war der Dialog vieler Kirchen der GEKE mit den Anglikanern, der vielerorts Kirchengemeinschaft zur Folge hatte. Die GEKE bemüht sich auch um dieses katholische Einheitsverständnis im Dialog mit den baptistischen Kirchen, mit der römisch-katholischen Kirche und mit den orthodoxen Kirchen. Das Bemühen um Katholizität ist umso dringlicher, als in vielen Ländern neue geistliche Bewegungen, meist mit pfingstlerischem oder evangelikalem Hintergrund (Neo-Pentecostals und Neo-Evangelicals), entstanden sind und entstehen und bis in die Kirchen der GEKE hineinreichen.

83) Katholizität muss durch die GEKE auch *ad intra* wahrgenommen werden. Durch die Erklärung der Kirchengemeinschaft sind wichtige Dimensionen der Katholizität bereits gegeben und verwirklicht. Sie müssen aber vertieft und befestigt und in Richtung einer gelebten Konziliarität weiterentwickelt werden. Einheit ist intensive Katholizität. Fortschritte in der Verwirklichung der Kirchengemeinschaft müssen durch ein wachsendes Bewusstsein für die Katholizität und ihre Umsetzung in jeder einzelnen Mitgliedskirche der GEKE begleitet werden.

84) Katholizität ist für die GEKE-Kirchen eine theologische Herausforderung. Ihr Einheitsmodell ist auch im Blick auf die Gestaltung von Katholizität ein Novum. Vieles ist in den vergangenen Jahrzehnten geschehen. Es bedarf jedoch der theologischen Vertiefung:

a) Traditionell wird in vielen Kirchen die Katholizität durch die Ausübung des Bischofsamtes und der daraus sich ergebenden Bischofssynoden gewährleistet. Die Kirchen der GEKE betonen, dass das Leitungsamt der Kirchen personal, kollegial und gemeinschaftlich (s. KJC I. 2.5.1.1) ausgeübt wird. Dabei kommt der synodalen Leitung eine besondere Bedeutung zu, auch in den Kirchen, die das personale Bischofsamt schätzen. Insofern stellt sich die Frage nach synodalen Strukturen auch auf der Ebene der gesamten GEKE.

b) Um ihre Einheit zu bewahren, geben sich Kirchen eine Kirchenordnung. Diese beschreibt und ordnet primär die gegenseitige geistliche Verpflichtung in den verschiedenen Bereichen des kirchlichen Lebens vor Ort und unterscheidet sich von bloß administrativen Regelungen. Wenn die reformierte Tradition von Anfang an eine »Disziplin« entwickelt hat, so war damit keineswegs eine bürokratische Verwaltung gemeint, sondern eine geistliche Disziplin, eine kirchliche Ordnung, auf deren Grundlage die Amtsträger sich so bei ihrer Ordination verpflichten, wie sie es auch gegenüber den Glaubensbekenntnissen tun. Für die GEKE stellt sich die Frage, ob nicht Ansätze einer gemeinsamen Kirchenordnung notwendig sind, um die Katholizität der GEKE *ad intra* zu fördern.

> Eine Kirchenordnung gehört nicht zum *esse*, sondern zum *bene esse* der Kirche. Sie ist also nicht in gleichem Maße notwendig wie das evangeliumsgemäß gefeierte Wort und Sakrament. Doch auch das *bene esse* ist von den Kirchen sorgfältig zu beachten. Das Fehlen einer Verfassung oder Disziplin (im reformierten Sinne des Wortes), d.h. einer geistlichen Ordnung, führt nicht selten zu einem Übermaß an bürokratischen Regelungen.

85) Katholizität innerhalb der GEKE begegnet auch konkreten »nicht-lehrmäßigen« Schwierigkeiten, die es zu überwinden gilt:

a) Eine erste Schwierigkeit resultiert aus der Sorge einzelner Kirchen, ihre Selbständigkeit zu verlieren. Die Leuenberger Konkordie betont die rechtliche Eigenständigkeit der einzelnen Kirchen und wehrt sich ausdrücklich gegen jede Form einer Vereinheitlichung, die auf Kosten der lebendigen Vielfalt der einzelnen Kirchen gehen würde (vgl. LK 43,45). Es gilt, die andere Kirche in ihrem Anderssein als legitimen Ausdruck der wahren Kirche Jesu Christi anzuerkennen (siehe 3.2). Dies meint jedoch nicht selbstbezogenen Partikularismus, in welchem jede einzelne Kirche sich selbst genügt, sei es auf lokaler, regionaler oder nationaler Ebene. Gemeinschaft verpflichtet und verändert die bisherige Weise, vor Ort Kirche zu sein.

b) Eine zweite Schwierigkeit erwächst aus der Gefahr der Ermüdung und der Gewöhnung. Man gibt sich zufrieden mit dem bereits Erreichten. Nach Zeiten der Antagonismen kam es nun zu einem freundlichen Miteinander, und die Versuchung ist groß, sich damit zu begnügen. Dies entspricht nicht dem Verständnis der Kirchengemeinschaft der GEKE. Allerdings wird der GEKE nicht immer ohne Grund von anderen Kirchen vorgeworfen, dass ihr Modell auf Stillstand und Beibehaltung der bisherigen Situation hinauslaufe.

c) Eine dritte Schwierigkeit gelebter Katholizität innerhalb der GEKE hängt damit zusammen, dass Synoden und Kirchenleitungen mancher ihrer Kirchen bei ihren Beschlüssen die gesamte Kirchengemeinschaft der GEKE und die daraus erwachsenden Verbindlichkeiten und Verpflichtung zur Konziliarität zu wenig berücksichtigen.

86) An der Fähigkeit zu einer entschieden gelebten Katholizität *ad intra* entscheiden sich die ökumenische Plausibilität des Einheitsmodells der GEKE und ihre Fähigkeit, dieses Einheitsmodell in das Gespräch mit anderen christlichen Kirchen einzubringen.

4 Empfehlungen und Konkretionen

87) In den Teilen I und II dieser Studie wurde verdeutlicht, dass die in der GEKE geschenkte und verwirklichte Einheit in der *Gottesdienstgemeinschaft* gelebt und erfahren wird. Die beteiligten Kirchen erklären Kirchengemeinschaft und gewähren einander Kanzel- und Abendmahlsgemeinschaft (LK 33 f.). Damit ist nach ihrer Überzeugung die Einheit der Kirche Jesu Christi gegeben. Sie ist Gabe Gottes an bisher getrennte Kirchen, die nun gemeinsam in der Welt Zeugnis ablegen und sich zum gemeinsamen Dienst verpflichten.

88) Teil III der Studie nennt die derzeitigen Herausforderungen und bezieht diese auf die aktuelle Situation der GEKE. Verbindlichkeit, Rezeption und Katholizität erhalten dann ihre wahre Bedeutung, wenn sie zur *Sichtbarkeit* der erklärten und verwirklichten Gemeinschaft beitragen. Diese Gemeinschaft nimmt hier und heute konkrete Gestalt an. Nur als sichtbare Kirchengemeinschaft ist das in der GEKE gelebte Einheitsmodell auch im Dialog mit anderen nicht zur GEKE gehörenden Kirchen glaubwürdig.

89) Im abschließenden Teil IV muss es nun darum gehen, konkrete Empfehlungen auszusprechen, damit die GEKE ihren Auftrag im Dienste der einen Kirche Jesu Christi besser wahrnehmen kann. Dies geschieht, indem die in Teil I ausgeführten Dimensionen der Kirchengemeinschaft erneut aufgegriffen werden.

4.1 Kirchengemeinschaft als Gottesdienstgemeinschaft

4.1.1 Gottesdienstgemeinschaft und Katholizität

90) Wenn Gottesdienstgemeinschaft Ausdruck der in der GEKE sichtbar verwirklichten Einheit ist, dann gilt es das Bewusstsein zu stärken und deutlich zu bekennen, dass die Kirchen der GEKE gemeinsam Kirche sind (s. o. § 56).

91) Dieses Bewusstsein, gemeinsam Kirche zu sein, und nicht nur ein Bund oder eine Föderation von Kirchen, bedeutet keineswegs Vereinheitlichung. Es kann nicht darum gehen, eine einzige Gestalt des Kircheseins oder gar eine einzige überregionale oder übernationale Kirchenstruktur zu befürworten. Die Kirchen der GEKE sind und bleiben Kirchen verschiedenen Bekenntnisstandes (LK 29). Jede spricht ihre Sprache, hat ihre geschichtliche Gestalt, ihre besonderen Traditionen und eigenen konfessionellen Prägungen, ihre verschiedenen theologischen Akzente, ihre eigenen kirchlichen Strukturen. An einigen Orten hat dies gewiss dazu geführt, dass sich in den letzten Jahren einige GEKE-Kirchen zu einer Unionskirche zusammengeschlossen haben; an anderen steht dies nicht auf der Tagesordnung. Dies kann nur vor Ort entschieden werden.

92) Es kann nicht darum gehen, Unterschiede zu überwinden, nur weil es Unterschiede sind. Es geht darum, den Charakter der Unterschiede zu verändern. Kirchentrennende Divergenzen müssen zu Ausdrücken des legitim unterschiedlichen Reichtums werden. Die Verfasser der LK haben dies im Blick auf die historischen Lehrverurteilungen geleistet. Dies muss auch weiterhin geschehen, damit kein Unterschied die Gottesdienstgemeinschaft aufs Neue in Frage stellt.

93) Als Gottesdienstgemeinschaft ist die GEKE Bekenntnisgemeinschaft. Dass Kirchen verschiedenen Bekenntnisstandes sich zur Kirchengemeinschaft erklären, bedeutet einerseits, dass die Verschiedenheit in ethischen, gesellschaftlichen und

politischen Haltungen zur Kirchengemeinschaft gehört. Das eine Evangelium führt in verschiedenen Situationen auch zu unterschiedlichen Haltungen. Doch geht es hier nicht um die Verschiedenheit um der Verschiedenheit willen.»Die Leuenberger Konkordie enthält die Verpflichtung der Signatarkirchen, sich bei unterschiedlichem Bekenntnisstand auf einen gemeinsamen ›Bekenntnisweg‹ zu begeben. Insofern ist die Konkordie ›Weg-Weisung‹ an die Kirchen der GEKE, den Weg gemeinsamen aktuellen Bekennens zu gehen«. (*Schrift, Bekenntnis, Kirche*, Ende von Teil 7). Die Gottesdienstgemeinschaft kann nicht losgelöst werden vom gemeinsamen Bekennen, das stets Maßstab für die Legitimität der Unterschiede auf diesem Bekenntnisweg ist (siehe 3.1.4).

94) Gottesdienstgemeinschaft bedeutet, dass die GEKE *katholische* Kirche ist. Da wo in Wahrheit Wort und Sakrament gefeiert werden, ist die *eine katholische* Kirche Jesu Christi präsent. Katholizität bedeutet, dass jede Gottesdienst feiernde Gemeinde ganz Kirche ist, ohne zu beanspruchen, die ganze Kirche zu sein. Es ist auch reformatorische Überzeugung, dass eine Gottesdienstgemeinde dann katholische Kirche ist, wenn sie über ihre eigenen örtlichen und zeitlichen Grenzen hinweg mit der gesamten Kirche verbunden ist. Auch wenn sie der Lokalkirche eine größere Autonomie gaben, als dies im Mittelalter der Fall war, haben die reformatorischen Kirchenordnungen eine Entwicklung zum Kongregationalismus nicht befürwortet. Die hier und heute feiernde Gemeinde ist, von ihrem Wesen her, mit allen anderen lokalen Gemeinden vereint. Ethnische, nationale und sonstige Grenzen werden gesprengt. Die katholische Kirche reicht auch über die Zeiten hinaus und bindet die hier und heute feiernde Gemeinde in die Christenheit aller Zeiten ein, ausgehend von der Gemeinschaft der Kirche der ersten Jahrhunderte. So versteht auch die Reformation die katholische Kirche nicht als Additionsergebnis von lokalen zum Gottesdienst versammelten Gemeinden, sondern als die *una catholica ecclesia,* die in den einzelnen Gemeinden erfahrbar wird.

95) Es bleibt die ständige Aufgabe der GEKE, das gemeinsame Kirchesein der lokalen Gemeinde mit dem der überlokalen Kirche zum Ausdruck zu bringen. In diesem Dienst stehen Vollversammlung, Rat und Geschäftsstelle sowie alle anderen Arbeitsbereiche der GEKE. Die Darstellung des gemeinsamen Kircheseins bedarf einer besseren Sichtbarkeit. Damit wird Neuland betreten, auch wenn es in der Kirchengeschichte in anderen Kontexten einige Hinweise auf die Verbundenheit selbständiger Kirchen gibt, wie z. B. die auf die altkirchliche Tradition zurückgeführte Tradition der Autokephalie.

96) In diesem Sinne ist das Verständnis der Einheit als Gottesdienstgemeinschaft das hermeneutische Prinzip aller Arbeit innerhalb der GEKE. Aus ihr ergeben sich und an ihr entscheiden sich die Gemeinschaft im Lehren, die Gemeinschaft in Zeugnis und Dienst, die Gemeinschaft in wachsender Gestaltwerdung und die Gemeinschaft zugunsten der weltweiten Ökumene. Als gelebte Gottesdienstgemeinschaft ist die GEKE *eine* Kirche in versöhnter Verschiedenheit. Es ist entscheidend und sollte selbstverständlich werden, dass die GEKE-Kirchen sich gemeinsam als *eine* Kirche verstehen und dies auch deutlich sagen und zum Ausdruck bringen.

4.1.2 Die gemeinsame Feier von Wort und Sakrament

97) Die Erklärung von Kanzel- und Abendmahlsgemeinschaft zielt darauf, dass es auch in der Tat zu gemeinsamen Gottesdienstfeiern kommt. Gemeinsame Gottesdienste sind seit Jahren selbstverständlich bei überregionalen und internationalen Treffen der GEKE-Kirchen (Vollversammlungen, internationale Konsultationen, Treffen von Regionalgruppen usw.). Entscheidend ist, dass dies auch in Ländern und Regionen geschieht, wo verschiedene GEKE-Kirchen an einem Ort vorhanden sind. Die Erklärung von Kirchengemeinschaft trägt der Partikularität jeder einzelnen Kirche Rechnung. Jedoch muss sie über eine friedliche Koexistenz vor Ort hinausreichen.

98) Gemeinsames gottesdienstliches Leben bedarf der Pflege und Förderung in Liturgie und Liedgut. Vieles wurde in den vergangenen Jahren erreicht, s. 1.3.1. Das Erreichte gilt es zu pflegen und auszubauen.

Im Konsultationsprozess zu dieser Studie sind dazu verschiedene Anregungen gegeben worden:

Zu herausragenden Anlässen sollen gemeinsame Wort- und Abendmahlsgottesdienste der GEKE-Kirchen gefeiert werden

Dem Leuenberg-Sonntag Mitte März und seiner Gestaltung sollte mehr Aufmerksamkeit gewidmet werden, etwa durch Kanzeltausch, Einladung von Predigern/Predigerinnen anderer GEKE-Kirchen, Begegnung mit benachbarten GEKE-Gemeinden.

Neue Gottesdienstformen, die auch die jüngere Generation ansprechen, sollten mit einbezogen oder entwickelt werden. Die GEKE sollte sich für neues Liedgut und neue liturgische Elemente öffnen, die Menschen über den Kreis der traditionellen Gottesdienstbesucher hinaus ansprechen.

Die GEKE sollte die Kirchenmusik stärker in den Fokus nehmen und Kontakt zur Europäischen Konferenz für Evangelische Kirchenmusik herstellen.

99) Die Erfahrung von Gottesdienstgemeinschaft weist über die bestehende Kirchengemeinschaft hinaus. Dabei gilt es, auch neue Herausforderungen zu erkennen und sich ihnen zu stellen. In mehreren Ländern Europas entstehen neue Gemeinden, die oft mit den lutherischen, reformierten, unierten und methodistischen Traditionen eng verwandt sind, sich bewusst auf diese Traditionen berufen, aber kaum Kontakt zu GEKE-Kirchen pflegen. Es handelt sich häufig um neue ethnische, meist auf Migration zurückgehende Gemeinden und um (neo)pentekostale Gruppen. Die Verschiedenheit zu ihnen wird vor allem in der Spiritualität und in den Frömmigkeits- und Gottesdienstformen erfahren, kann gleichwohl auch auf theologischen Grundentscheidungen beruhen.

100) Da nach dem Verständnis der GEKE Kirchengemeinschaft auf der Gottesdienstgemeinschaft beruht, gehört es auch zum ökumenischen Auftrag der GEKE, zu gemeinsamen Gottesdienstfeiern auch mit Kirchen außerhalb der GEKE zu ermutigen, z. B. in der Tradition des ökumenischen »Gebets für eine Stadt«. Von der Erfahrung solcher Gottesdienste können neue Impulse zur Aufnahme von theologischen Dialogen ausgehen, die letztendlich zu einer Erweiterung der Kirchengemeinschaft führen könnten.

101) Von Begegnungen z. B. mit pfingstlich geprägten Kirchen und Migrantengemeinden können Impulse für die Spiritualität aufgenommen werden. Gleichzeitig könnte diesen Kirchen die hilfreiche Rolle institutioneller Formen und Chancen theologischer Reflexion nähergebracht werden.

102) Gemeinschaft im Gottesdienst schließt die gegenseitige Anerkennung der Ämter mit ein, insbesondere der Ordination zum besonderen Amt des Dienstes an Wort und Sakrament (vgl. LK 33). Die Anerkennung der Ordination ist jedoch nicht gleichbedeutend mit der Möglichkeit der Anstellung in jeder Kirche. Die in jeder Kirche »geltenden Bestimmungen für die Anstellung im Pfarramt, die Ausübung des pfarramtlichen Dienstes und die Ordnungen des Gemeindelebens [gilt es] nicht zu beeinträchtigen« (LK 43). Bemühungen um gegenseitige Anerkennung der Ausbildung, insbesondere für das Pfarramt, sind im Gange.

Im Konsultationsprozess zu dieser Studie sind dazu folgende Anregungen gegeben worden:

GEKE-Themen und -Dokumente müssen eine stärkere Rolle bei der Ausbildung zum Pfarramt spielen. Studierende sollten ermutigt werden, Studienteile (z.B. Auslandsstudiensemester) an Ausbildungsstätten anderer GEKE-Kirchen zu absolvieren. Teile des Gemeindevikariats sollten auch im Ausland in anderen GEKE-Kirchen absolviert werden können. In den Ordinationsformeln sollte auch die Kirchengemeinschaft der GEKE aufgenommen werden; an den Ordinationen sollten nach Möglichkeit auch Geistliche aus anderen GEKE-Kirchen beteiligt werden.

Weiterhin wurde vorgeschlagen: ein gemeinsames europäisches Kolleg für die Fortbildung der Pfarrerinnen und Pfarrer, die Förderung des befristeten Austauschs von Pfarrerinnen und Pfarrern zwischen GEKE-Kirchen in Europa, ökumenische Visitationen mit GEKE-Partnerkirchen zur Gewinnung neuer Einsichten.

4.2 Kirchengemeinschaft als Gemeinschaft im Lehren

103) Mit der Leuenberger Konkordie sind die Signatarkirchen die Verpflichtung zur theologischen Weiterarbeit eingegangen und haben damit einen ertragreichen Weg beschritten, der zu den Merkmalen ihrer Kirchengemeinschaft gehört. Dieser Weg muss beharrlich fortgesetzt werden.

104) Die bisherigen Arbeitsschritte haben sich bewährt: Vom Rat der GEKE autorisierte Projekt- und Arbeitsgruppen erarbeiten auf der Basis des von ihnen begonnenen Lehrgesprächs einen ersten Beratungsentwurf, den der Rat den Mitgliedskirchen zur Stellungnahme zuleitet. Auf der Basis dieser Stellungnahmen überarbeitet dann die jeweilige Projekt- oder Arbeitsgruppe den Text, der der Vollversammlung zur abschließenden Beratung und Beschlussfassung vorgelegt wird. Nach Annahme des endgültigen Textes durch die Vollversammlung geht das Ergebnis des Lehrgesprächs an die einzelnen Kirchen zur Rezeption und gegebenenfalls Umsetzung.

105) In der Vergangenheit ist die Rezeption der von der Vollversammlung beschlossenen Texte sehr unterschiedlich verlaufen. Es hat Texte gegeben, die eine beachtliche Breiten- und Tiefenwirkung erreichen konnten. Es gab aber auch Texte, die trotz ihrer erheblichen Relevanz nicht über die Fachgremien hinaus wirkten. In vielen Fällen stand dahinter ein Kommunikationsproblem: Es wurde oft zu wenig für die Bekanntmachung und

Verbreitung der Lehrgesprächsergebnisse gesorgt. Mehr als bisher sollten sich die Mitgliedskirchen der GEKE für geeignete Kommunikationsformen der Lehrgesprächsergebnisse engagieren. Auch in der theologischen Ausbildung müssen diese stärker als bisher berücksichtigt werden.

106) Die Lehrgesprächsergebnisse widerspiegeln jeweils einen bestimmten Stand des theologischen Diskurses. In nicht wenigen Fällen hat sich dieser Diskurs weiterentwickelt, und es sind neue Einsichten und neue Fragestellungen entstanden. Von daher legt es sich nahe, frühere Lehrgesprächsergebnisse zu aktualisieren, sie im Horizont weiterentwickelter theologischer Erkenntnis und neuer Probleme weiterzuschreiben oder ein komplettes Remake aufzulegen.

107) In Zukunft sollten die Themen für Lehrgespräche verstärkt von den Mitgliedskirchen der GEKE vorgeschlagen und über den Rat der GEKE in Auftrag gegeben werden können. Neben den Lehrgesprächen sollte es bei Bedarf auch die Möglichkeit zu gutachtlichen Stellungnahmen durch eigens dafür gebildete Projektgruppen geben.

108) Folgende Themen bedürfen in den kommenden Jahren der besonderen Aufmerksamkeit:

- Kirche und Politik (in Fortführung der Lehrgespräche zu Königsherrschaft Christi und Zwei-Reiche-Lehre und »Kirche und Gesellschaft«, vgl. LK 39), unter Berücksichtigung der aktuellen Probleme in Europa (z. B. Populismus, Nationalismus, Fremdenfeindlichkeit).
- Ethische Differenzen und Kirchengemeinschaft (legitime Verschiedenheit oder kirchentrennende Divergenz).
- Christlicher Glaube und Islam in den Kontexten des heutigen Europas sowie weitere Herausforderungen in der Begegnung mit anderen Religionen.
- Gemeindeaufbau und neue Gestalten des Kirche-Seins.
- Religiöse Sozialisation und Katechese in der Familie.

- Taufe und Taufpraxis (in Fortführung der Lehrgespräche zur Taufpraxis, vgl. LK 39, und in Aufnahme der Gespräche mit Kirchen aus der täuferischen Tradition).
- Voraussetzungen für die Teilnahme am Abendmahl.
- Ordination von Frauen (in Weiterführung des Lehrgesprächs Amt, Ordination, Episkope, § 58–60).
- Konfirmation und konfirmierendes Handeln.

Die beiden ersten Themen sollten Priorität haben.

4.3 Kirchengemeinschaft als Gemeinschaft wachsender Gestaltwerdung

109) Für die Kirchengemeinschaft der GEKE ist es wesentlich, die Gemeinschaft im Gottesdienst, im Lehren, in Zeugnis und Dienst und in ökumenischer Verantwortung zu verwirklichen und den Zusammenhalt der Kirchen zu stärken. Dafür ist es wichtig, auch die Strukturen zu stärken, in denen die Kirchengemeinschaft verbindlich gelebt und gestaltet wird.

110) Infolge der Unterzeichnung der Leuenberger Konkordie und der Herausbildung der GEKE kam es in vielen Kirchen zu neuen Gestaltungen ihres Lebens als reformatorische Kirchen. In einigen Ländern (z.B. Niederlande, Deutschland, Frankreich) kam es zu Kirchenvereinigungen oder zumindest Kirchenbünden, in welchen Kirchen unterschiedlichen Bekenntnisstandes gemeinsam ihren Auftrag wahrnehmen. In manchen Regionen entstanden beachtliche Modelle grenzüberschreitender Kooperation, wie z.B. am Oberrhein.

111) Um die Kirchengemeinschaft der GEKE als Ganze zu stärken, ist über neue Wege und Formen nachzudenken, die dazu beitragen, die Verbindlichkeit der Kirchengemeinschaft und das Leben der einzelnen Kirchen *als* Mitgliedskirchen der GEKE in ihren unterschiedlichen Kontexten zu fördern, ohne die Selbständigkeit (Rezeptionsautonomie) der beteiligten Kirchen einzuschränken.

112) Für die GEKE ist neben ihrem Statut eine noch zu entwickelnde *Charta der Kirchengemeinschaft* wünschenswert. In dieser lässt sich ausführen, was aus der anhand der Leuenberger Konkordie festgestellten Übereinstimmung im Evangelium und der wechselseitigen Anerkennung der Kirchen als Kirchen für das gottesdienstliche geistliche, theologische und diakonische Zusammenleben der Kirchen in der Kirchengemeinschaft folgt. Die *Charta* sollte die gegenseitige geistliche Verpflichtung der Kirchen in den fünf bereits genannten Erfahrungsformen der Kirchengemeinschaft der GEKE beschreiben.

113) Kirchengemeinschaft lebt von der Bereitschaft zur Konziliarität (vgl. §80). So stößt die Vollversammlung *konziliare Prozesse* an, die für die Verwirklichung der Kirchengemeinschaft zentrale Bedeutung haben. Dazu gehören insbesondere die Lehrgespräche und theologischen Studienprojekte, die der Vertiefung der Gemeinschaft dienen. Über die Dokumente wird beraten, und am Ende werden sie durch die Vollversammlung angenommen. Auch wenn dies nicht durch ein synodal-repräsentatives Votum geschieht, dienen die Dokumente doch der klaren Positionierung der GEKE und der verbindlichen Orientierung nach innen und nach außen.

114) Die Rolle der Vollversammlung lässt sich weiter stärken, indem zum einen die Bedeutung der Rezeption der konziliaren Beschlüsse für die Vertiefung der Kirchengemeinschaft in den Verfassungen bzw. Ordnungen der Kirchen festgehalten wird.

115) Zum anderen lässt sich ihre Rolle stärken, indem die Kirchen sich verständigen, die Entsendung von Delegierten zur Vollversammlung an eine synodale Entscheidung zu binden oder in anderer geeigneter Weise die Mandatierung ihrer Repräsentanten öffentlich im Zusammenhang kirchenleitender Vollzüge zu verankern.

116) Um die Rezeption des konziliaren Prozesses in Fragen der Lehre und kirchlichen Praxis in der GEKE zu stärken, wäre es

hilfreich, nicht nur die Prozesse der Entscheidungsfindung, sondern auch die Rezeptionswege in den Kirchen in der *Charta der Kirchengemeinschaft* zu beschreiben.

117) Bei einer Änderung der Kirchenordnungen sollten die Leuenberger Konkordie und die in der GEKE bestehende Kirchengemeinschaft ausdrücklich berücksichtigt werden. Kirchen, die sich bisher mit einigen administrativen Regeln begnügt haben, sollten die Einführung einer Kirchenordnung erwägen, in der die gegenseitigen geistlichen Verpflichtungen in den verschiedenen Bereichen des kirchlichen Lebens beschrieben und geordnet werden.

118) Auf eine Initiative von Mitgliedskirchen der GEKE kam es seit 2012 zu mehreren Begegnungstagungen der evangelischen Synodalen in Europa. Das Ziel war es, die Kirchengemeinschaft der GEKE auf synodaler Ebene zu vertiefen und die Mitwirkungsmöglichkeiten zu stärken. Die Begegnungstagungen erweisen sich als wichtiges und aussichtsreiches Instrument zur Stärkung der Kirchengemeinschaft durch einen internen Austausch über Bereiche und Themen, die die Zukunft europäischer Gesellschaften bestimmen werden und damit die Kirchen vor weitere Herausforderungen stellen. Die Begegnungstagungen der evangelischen Synodalen sollten fortgesetzt werden. Über die Arbeit an den Themen sollte auf der Vollversammlung berichtet werden.

119) Parallel zu den Begegnungstagungen der evangelischen Synodalen kann die strukturelle Vernetzung in der GEKE sowohl durch Begegnungen auf Gemeindeebene als auch durch regelmäßige Treffen der leitenden Geistlichen der Mitgliedskirchen gestärkt werden.

4.4 Kirchengemeinschaft als Zeugnis- und Dienstgemeinschaft im heutigen Europa

120) Die Leuenberger Konkordie ist ein Dokument »reformatorischer Kirchen in Europa«. Von daher ist es selbstverständlich, dass diese Kirchen ihr gemeinsames Zeugnis und ihren gemeinsamen Dienst immer auch auf die besondere Situation Europas beziehen. Europa ist ihr geographischer, kultureller und politischer Kontext. So sind Europa und Europafragen nach der Überwindung der Teilung im Jahr 1989 und den sich damit eröffnenden neuen politischen und gesellschaftlichen Handlungsfeldern zu einem zentralen Thema geworden.

121) Große Hoffnungen auf die Möglichkeiten Europas einerseits und erhebliche Skepsis gegenüber den hohen Erwartungen an die Zusammenarbeit der Völker Europas andererseits sind charakteristische Befindlichkeiten der Menschen im heutigen Europa. Das ist eine Spannung, die sich auch in den Kirchen der GEKE widerspiegelt. Die Spannung von Hoffnung und Skepsis ist durch die krisenhaften Entwicklungen der vergangenen Jahre erheblich gewachsen. Für die von Zuversicht geprägte Betrachtungsweise steht die programmatische Forderung der Vollversammlung von Belfast (2001), »die Stimme der evangelischen Kirchen in Europa deutlicher hörbar« werden zu lassen. Die Sorge um die Zukunft Europas manifestierte sich in der Verlautbarung der Vollversammlung von Florenz (2012) zur gegenwärtigen Lage in Europa mit den akuten Problemen der Finanz-, Wirtschafts- und Staatsschuldenkrise in den Staaten des Kontinents. Die Mitgliedskirchen der GEKE werden den Stimmen der Resignation die Ermutigung zur grenzüberschreitenden Zusammenarbeit und Solidarität der Staaten Europas entgegenzusetzen haben und der Fixierung auf nationale Egoismen widersprechen. Das Festhalten am Gedanken der europäischen Verständigung und Solidarität und an den Prinzipien der freiheitlichen Demokratie ist ein wichtiges Bewährungsfeld der Kirchengemeinschaft.

122) Das heutige Europa hat mit einer Vielzahl schwerer Probleme zu kämpfen, die in der Aufbruchseuphorie nach 1989 kaum jemand für möglich gehalten hatte. Die kriegerischen Auseinandersetzungen nach dem Zusammenbruch Jugoslawiens in den 1990er Jahren und der Krieg im Osten der Ukraine zeigen, wie kostbar der Frieden ist und wie sehr um ihn gerungen werden muss. Die Finanz-, Wirtschafts- und Staatsschuldenkrise hat ein markantes Gefälle zwischen dem Norden und dem Süden Europas verdeutlicht. Die enormen Flüchtlingswanderungen, zuletzt aus dem syrischen Bürgerkrieg, fordern die europäische Gesellschaft dramatisch heraus.

123) Die Mitgliedskirchen der GEKE können nicht davon absehen, dass sie Zeugnis und Dienst inmitten dieser krisenhaften Entwicklungen ablegen: Das Zeugnis des Evangeliums ruft und verpflichtet zum Dienst für Gerechtigkeit, Frieden und Bewahrung der Schöpfung. Christen und Kirchen in Europa sollen ein Netzwerk der Versöhnung und des Einsatzes für die bedürftigen, notleidenden Menschen bilden. Sie werden alles in ihren Kräften Stehende tun, um Zeichen der Versöhnung und der Hilfe in der Not zu setzen und zu bekräftigen. Nur so können sie die Politik zu einem in der Krise verantwortlichen Handeln und zur Solidarität mit den von Flucht, Migration und Verarmung betroffenen Menschen ermutigen.

124) Es gibt ethische Probleme, zu denen die Kirchen nicht mit *einer* Stimme sprechen können und es auch nicht müssen. Die Bewertung mancher ethischer Fragen ist stark kontextgebunden; hier sollten die evangelischen Kirchen Pluralität und abweichende Entscheidungen von der eigenen Sichtweise akzeptieren. Maßstab der Legitimität einer ethischen Differenz ist ihre Verträglichkeit mit der gottesdienstlichen Gemeinschaft (vgl. 3.1.6). Im Eintreten für Frieden und Versöhnung sowie Gerechtigkeit und Überwindung von Not und Zerstörung der Natur müssen die evangelischen Kirchen gemeinsame Wege gehen, auch wenn bei der Einschätzung krisenhafter Phänomene und ihrer Lösungen unterschiedliche Betrachtungsweisen durchaus

legitim sein können. Wer erwartet, dass die Mitgliedskirchen der GEKE mit einer Stimme sprechen, wird sich dafür einsetzen, dass die Stimme des Evangeliums in Europa hörbar wird.

125) Die seit 2009 bestehende Kooperation mit der Arbeitsgemeinschaft evangelischer Diasporawerke in Europa (AGDE) war ein bedeutsamer Schritt bei der Koordinierung gemeinsamer Hilfsaktionen; dieser gesellschaftliche und diakonische Auftrag muss weiter wahrgenommen, die damit verbundenen Aktivitäten vertieft und ausgebaut werden. Ebenso müssen die von einzelnen Mitgliedskirchen geförderten Projekte der zwischenkirchlichen Hilfe zielstrebig vorangetrieben werden. Das diakonische Handeln ist für die Kirchen wesentlich.

5 Kirchengemeinschaft als gemeinsame ökumenische Verpflichtung

126) Die GEKE betrachtet ihr Verständnis von Einheit und deren Verwirklichung als Dienst an der gesamten ökumenischen Bewegung (vgl. LK 46f.). Wie schon in Teil 1.4 gezeigt, hat die durch sie erzielte Gemeinschaft vielerorts erhebliche Fortschritte auf dem Weg zur Einheit gebracht. Jedoch ist dieser Prozess, wie Teil 3.3 deutlich macht, nicht als abgeschlossen zu betrachten. Das in der GEKE gelebte Modell der Kirchengemeinschaft hat in größerem Ausmaß als viele andere ökumenische Modelle bereits sichtbare Ergebnisse herbeigeführt und erscheint deshalb als besonders fruchtbar. Die Leuenberger Konkordie verpflichtet die GEKE, ihr Verständnis von der Einheit der Kirche auch weiterhin in das weltweite ökumenische Gespräch einzubringen. Davon wird die interkonfessionelle Arbeit der GEKE auch in Zukunft bestimmt sein, insbesondere im Blick auf die seit längerer Zeit bestehenden Beziehungen zu den anglikanischen und orthodoxen Kirchen sowie zur Europäischen Baptistischen Föderation. Die 2013 begonnene Konsultationsreihe mit der römisch-katholischen Kirche hat eine besondere Bedeutung, da hier die ökumenische Leistungs- und Tragfähigkeit des Modells der Kirchengemeinschaft im Blickpunkt des Interesses steht.

127) Die ökumenische Verpflichtung, die sich aus dem Verständnis von Kirchengemeinschaft in der LK ergibt, muss nicht zuletzt auch gegenüber neuen kirchlichen Bewegungen wie Neo-Pentecostals und Neo-Evangelicals innerhalb und außerhalb der GEKE-Kirchen zum Tragen kommen. In der Begegnung mit solchen Strömungen zeigt sich, dass viele Kirchen vor ähnlichen ökumenischen und ethischen Herausforderungen stehen. In der Antwort hierauf erweist sich die Ökumenefähigkeit unter den neuen Bedingungen des 21. Jahrhunderts.

128) Das Einheitsverständnis der GEKE bewährt sich im Verhältnis zu den anderen Kirchen vor Ort. Es ist eine allgemeine Erfahrung, dass tragende Prinzipien ihre Bedeutung erst in der tatsächlichen Begegnung mit Anderen zeigen. Der ökumenische Prozess beschränkt sich nicht auf den Austausch von Dokumenten, sondern entfaltet sich in der Begegnung von Menschen, denen Gott eine neue Qualität der Gemeinschaft schenkt (vgl. 3.2.2). Hier ergeben sich spezifische Probleme sowohl für Majoritätskirchen, die andere Mitgliedskirchen am eigenen Ort leicht übersehen, als auch für Minoritätskirchen, die in manchen Fällen zur Abschottung neigen. Wo es funktionierende Strukturen der Ökumene vor Ort gibt (lokale Arbeitsgemeinschaften / Räte christlicher Kirchen o. ä.), sollten die Gemeinden der GEKE-Kirchen immer mitarbeiten. Dabei stellt sich stets die Frage, wie sie sich gemeinsam in das Gespräch mit den anderen christlichen Gemeinden einbringen können. In der örtlichen Bewährung der Einheit wird Einheit als Gabe Gottes erfahrbar.

129) Mehrere Kirchen der GEKE haben Kirchengemeinschaft mit anderen Kirchen, die nicht zur GEKE gehören. Zum Beispiel sind einige Kirchen sowohl Mitglied der GEKE als auch der Porvoo-Gemeinschaft. Manche haben gesonderte Abkommen mit anglikanischen Kirchen. Andere wiederum haben keinerlei Vereinbarung. Die dadurch entstehenden Varianten im Umfang von Kirchengemeinschaft innerhalb der GEKE stellen die Frage nach der Kompatibilität der verschiedenen Abkommen. Dass auf den ersten Blick manches in Spannung zueinander steht, ist auf dem Weg der Einheit nicht zu vermeiden. Bei genauerer Betrachtung handelt es sich jedoch nicht um sich gegenseitig ausschließende Modelle. Da das Modell der Porvoo-Erklärung eine Variante des Einheitsmodells der Kirchengemeinschaft ist, stehen z. B. die Mitgliedschaft in der Porvoo-Gemeinschaft und in der GEKE nicht in Konkurrenz. Sofern sie nicht die in der GEKE erreichten Ergebnisse in Frage stellt, dient die Doppelmitgliedschaft vieler Kirchen der Erweiterung und Vertiefung der ökumenischen Gemeinschaft. Das Einheitsmodell der GEKE

ist nicht auf Bewahrung des *status quo*, sondern auf die Gemeinschaft aller Christen ausgerichtet.

130) Ähnliches gilt für die Weltgemeinschaften. Einige Kirchen sind Mitglied sowohl des Lutherischen Weltbundes (LWB) als auch der Weltgemeinschaft Reformierter Kirchen (WGRK). Andere sind Mitglied in nur einer dieser beiden Weltgemeinschaften oder Mitglied im Weltrat Methodistischer Kirchen (WMC). Andere wiederum gehören zu keiner von ihnen. Die Loyalitäten einzelner Mitgliedskirchen gegenüber solchen Weltgemeinschaften dürfen nicht gegeneinander ausgespielt werden. Das ökumenische Modell der GEKE möchte die Zusammenarbeit von LWB, WGRK, WMC und anderen Weltgemeinschaften auf Grund der in der GEKE bereits gelebten Kirchengemeinschaft bereichern. Die Wege, die in der GEKE gefunden wurden, um in verschiedenen Kontexten und verschiedenen Bekenntnisformulierungen zur Kirchengemeinschaft zu gelangen, können sich auch auf Weltebene als aussichtsreich erweisen. Die Mitgliedskirchen der GEKE können ihre Erfahrungen in die Dialoge zwischen den Weltbünden einbringen, damit die bereits erzielten theologischen Ergebnisse weitere Früchte tragen.

> Ein Beispiel ist der kürzlich veröffentlichte Bericht der Gemeinsamen Kommission von LWB und WGRK *Communion: On Being the Church*, der bei den lutherischen und reformierten Kirchen ein gemeinsames Verständnis des Evangeliums sowie das faktische Versöhntsein der konfessionellen Identitäten feststellt und zu praktischen Schritten der Verwirklichung der Kirchengemeinschaft ermutigt. Die Nähe zum Kirchen- und Einheitsverständnis der GEKE ist dabei nicht zu übersehen.

131) Seit der Unterzeichnung der Leuenberger Konkordie hat sich die Kirchengemeinschaft der GEKE reich entfaltet. Ein erreichtes Ziel muss aber immer neu zur Geltung kommen, um lebendig zu bleiben. Die Geschichte der GEKE kann dazu ermutigen, das schon Erreichte zu vertiefen.

»Veränderungen des gesellschaftlichen Umfeldes, Veränderungen der Lebensform und Ordnung der Kirchen müssen nicht zum Identitätsverlust führen, im Gegenteil: Sie bieten Chancen zu neuen geistlichen Erfahrungen, wenn die Kirchen entschlossen von ihrem Grund her leben.« (KJC I. 1.4)

Anhang: Beteiligte des Prozesses

A) Mitglieder der Startgruppe (2013/14)

Prof. Dr. Michael Beintker, Münster (Co-Vorsitzender)
Prof. Dr. André Birmelé, Strasbourg (Co-Vorsitzender)
Dr. Pawel Gajewski, Florenz
Prof. Dr. Bo Kristian Holm, Aarhus
Prof. Dr. Leo Koffeman, Amsterdam
Prof. Dr. Friederike Nüssel, Heidelberg
Dr. Szilárd Wagner, Sopron
Für die Geschäftsstelle: Prof. Dr. Martin Friedrich, Wien

B) Teilnehmende der Konsultation in Elspeet, 5.–8. Februar 2015

Superintendent Dr. Rainer Bath, United Methodist Church, Germany
Prof. Dr. Michael Beintker, Vorbereitungsgruppe
Prof. Dr. André Birmelé, Vorbereitungsgruppe
Pastorin Jana Daneckova, Evangelisch-methodistische Kirche Mittel- und Südeuropa
Pfr. Dr. Jan-Dirk Döhling, Evangelische Kirche von Westfalen
Prof. Dr. Martin Friedrich, GEKE
Pfr. Dr. Pawel Gajewski, Waldenserkirche
Jan Gross, GEKE
Prof. Dr. Bo Kristian Holm, Vorbereitungsgruppe
Revd Fleur Houston, United Reformed Church
Pröpstin Kirsten Jørgensen, Evangelical Lutheran Church of Denmark
Vizepräsident Christian Krieger, UEPAL
Revd Dr. Tomi Karttunen, Evangelical Lutheran Church of Finland
Prof. Dr. Leo Koffeman, Protestantse Kerk in Nederland
Pfarrerin Steffie Langenau, Lippische Landeskirche
Revd Dr. Christopher Meakin, Church of Sweden
Prof. Dr. Michael Nausner, Evangelisch-methodistische Kirche Mittel- und Südeuropa
Prof. Dr. Friederike Nüssel, Vorbereitungsgruppe
Generalsekretär Dr. Arjan Plaisier, Protestants Kerk in Nederland

Revd Dr. Thomas-Andreas Põder, Estnische Evangelisch-Lutherische Kirche

Dr. Thomas Schaack, Evangelisch-Lutherische Kirche in Norddeutschland

Pfr. Dr. Otto Schäfer, Schweizerischer Evangelischer Kirchenbund

Pfarrerin Dr. Susanne Schenk, Evangelische Landeskirche in Württemberg

Pasteur Laurent Schlumberger, Eglise Protestante Unie de France

Anikó Schütz Bradwell, Church of Scotland

Pfr. Dirk Stelter, Evangelisch-Lutherische Landeskirche Hannover

Pfr. Dr. Christoph Theilemann, Evangelische Kirche Berlin-Brandenburg-Schlesische Oberlausitz

Revd Einar Tjelle, Church of Norway

Prof. Dr. Stefan Tobler, Ev. Kirche A. B. in Rumänien

Pfr. Dr. Eckhard Zemmrich, Evangelische Kirche Berlin-Brandenburg-Schlesische Oberlausitz

C) Mitglieder der Redaktionsgruppe (2015–2018)

Prof. Dr. Michael Beintker, Münster (Co-Vorsitzender)

Prof. Dr. André Birmelé, Strasbourg (Co-Vorsitzender)

Prof. Dr. Pawel Gajewski, Terni/Rom

Prof. Dr. Bo Kristian Holm, Aarhus

Revd Fleur Houston, Macclesfield

Prof. Dr. Leo Koffeman, Amsterdam

OKR Dr. Mareile Lasogga, Hannover/Bensheim

Prof. Dr. Friederike Nüssel, Heidelberg

Prof. Dr. Michael Nausner, Reutlingen/Uppsala

Prof. Dr. Thomas-Andreas Põder, Tallinn

Pfarrerin Dr. Susanne Schenk, Ulm/Tübingen

Revd Anikó Schütz Bradwell, Edinburgh

Für die Geschäftsstelle: Prof. Dr. Martin Friedrich, Wien

Kirchengemeinschaft – Church Communion – Communion Ecclesiale[1]

Result of a Doctrinal Conversation in the Community of Protestant Churches in Europe

Adopted by the 8th General Assembly

Translated from the Original German

---

[1] See §46.

Content

About this text

1) Over the past two decades, the concept of church communion, central to the Leuenberg Agreement, has received an increasing amount of attention. The interest in a deeper and more extensive clarification of what is being realised and experienced as church communion has conspicuously increased. The communion in which the member churches of the CPCE know themselves bound together and in which they perceive themselves as church inspires a growing sense of communion in the living out of church life and in witness and service in the world. In mutually recognising one another as church and declaring church fellowship with one another in the Leuenberg Agreement, the member churches of the CPCE have committed themselves to clear everything out of the way that might obscure the practical testimony to the unity of the church given in Christ that results from church communion. Behind the question about the forms church communion will assume in the future, a need emerges to clarify and ascertain the understanding of unity. This has been felt ever more clearly by the member churches of the CPCE on the way from Belfast (2001) to Budapest (2006) and then to Florence (2012).

2) This gives rise to two challenges. The first challenge arises from the world-wide ecumenical movement. Other churches ask again and again about the ecumenical meaning of church communion and how the member churches of the CPCE give it shape. They have the impression that the concept of church communion is only to a limited degree suitable as an ecumenical model, in that it models the diversity rather than the unity of the church, and so adds to the strengthening of the status quo. The second challenge comes from the CPCE member churches themselves. The Protestant churches in Europe have recognized that they must work together more closely if they wish their testimony to be heard in the public space of Europe. In the current situation of social and political transformation, the existing

church communion between member churches of the CPCE cannot be restricted simply to its core, the worshipping community in Word and Sacrament, along with continuous doctrinal conversations. New fields of work need to be opened up and networks and organizational structures need to be developed and improved.

3) Both these challenges have persuaded the CPCE council and the 7th General Assembly in Florence (2012) to make the theme of church communion the topic of a doctrinal conversation. In this doctrinal conversation »particular attention« should be »paid to the positive potential and the visibility of the church communion« and »the theological clarification of the binding force and the legal implications of the church communion should also be addressed«.

The text that follows presents the fruits of this doctrinal conversation.

1 Taking Stock: Church Communion as an Experience of the Unity of the Church

1.1 Church communion in the perspective of the Leuenberg Agreement (1973)

4) With the Leuenberg Agreement, church communion became a leading concept for the ecclesiological and ecumenical self-understanding of the Protestant churches in Europe.

5) The Protestant churches of different confessional positions which are signatories to the Agreement have established »on the basis of their doctrinal conversations, a common understanding of the Gospel«, which is set out in the Agreement (LA 1). This has made it possible for them »to declare and to realize church fellowship« (ibid.).

6) The Agreement follows the criteria for church unity stated in the Augsburg Confession, VII. »Fellowship in Word and Sacrament« (LA 29) presupposes agreement in the understanding of the gospel and so clarification of what the churches can say together on Baptism and the Lord's Supper. Diversity in liturgy and forms of church government are no obstacle to unity, if this diversity stands the test of the common understanding of the gospel.

7) The declaration of church communion adopted by churches, in their assent to the Agreement, consists of the following elements:

»a) that (the churches) are one in understanding the Gospel as set out in parts II and III (of the Agreement);

b) that in accordance with what is said in part III the doctrinal condemnations expressed in the confessional documents no longer apply to the contemporary doctrinal position of the assenting churches;

c) that they accord each other table and pulpit fellowship; this includes the mutual recognition of ordination and the freedom to provide for intercelebration.

With these statements church fellowship is declared. The divisions which have barred the way to this fellowship since the sixteenth century are removed. The participating churches are convinced that together they participate in the one Church of Jesus Christ and that the Lord frees them for and calls them to common service« (LA 31–34).

In this way the recognition of ministries is grounded in the common understanding of Word and Sacrament and follows from it.

8) With the declaration of church communion comes the task of realizing church communion. This happens »in the life of the churches and congregations«: »Believing in the unifying power of the Holy Spirit, they bear their witness and perform their service together, and strive to deepen and strengthen the fellowship they have found together« (LA 35). Thus common witness to the gospel and common service arising from the gospel become crucial features of church communion as it is practised.

9) At the same time, continuing theological work in doctrinal conversations (and joint theological, ethical and liturgical projects) is a crucial element in practical church communion for the CPCE churches. On this matter, LA 38 expresses the view that »the common understanding of the Gospel on which the church fellowship is based must be further deepened, examined in the light of the witness of Holy Scripture, and continually made relevant to a contemporary context«.

10) Church communion expressed in practice has organizational implications, and implications for church law. In the Agreement, however, these are only hinted at and caution is advised (see LA 42–45).

11) Church communion expressed in practice looks beyond itself; its participating churches act »as part of their responsibility to promote the ecumenical fellowship of all Christian churches« (LA 46) in the hope that »the church fellowship will provide a fresh stimulus to encounter and collaboration with churches of other confessions« (LA 49).

1.2 The Church of Jesus Christ (1994)

12) With the study document *The Church of Jesus Christ* (CJC; Leuenberg Documents 1, [1995] ⁴2012), the general assembly of the Leuenberg Church Fellowship in 1994 in Vienna set out the basic tenets of the Protestant understanding of the church and explained the ecclesiological principles which guide the signatory churches in ecumenical dialogue.

13) The study document distinguishes between the foundation, shape and mission of the church. »The foundation of the church is God's action in Jesus Christ to save humankind. In this fundamental action God himself is the subject, and consequently the church is an object of faith. Since the church is a community of believers the shape of the church has taken various historical forms. The one church of faith (singular) is present in a hidden manner in churches (plural) shaped in different ways. The mission of the church is its task to witness to all humankind, in word and deed, to the gospel of the coming of the Kingdom of God« (CJC Introduction, 4).

14) The event that lets the church be church, and which precedes all human action and reaction, is the justifying, liberating act of God which is proclaimed in the preaching of the gospel and granted in the sacraments. As witness to the gospel in the world the church is called to be »an instrument of God for the actualization of God's universal will to salvation« (CJC I. 3.2). In this function it should not seek to usurp the place of Jesus Christ: »It will be faithful to this call, if it remains in Christ, the sole infallible instrument of salvation« (CJC I. 3.2).

15) The one, catholic, holy and apostolic church is experienced in the churches wherever Word and Sacrament are truly celebrated. That entails the ordered ministry which is constitutive of the church (CJC I. 2.5.1.2). Wherever Word and Sacrament are truly celebrated, different churches recognise one another mutually as the church of Jesus Christ and cannot deny one another their being as church. Understood in this way, the diversity of the churches is an enrichment.

16) According to the Leuenberg Agreement, the declaration of church communion arises out of agreement in the understanding of the gospel and the administration of the sacraments in accordance with the Lord's commands. The realization of church communion is not however dependent on a central model of structural unity. The churches seek to conform to the standard of unity that can forever be experienced as God's gift to the churches, in that they know themselves to be supported in common by God's free grace, and just for that reason enquire anew again and again after their common understanding of the gospel (cf. LA 38). They become one in that Christ takes shape in them and among them, and is able to be effective in shaping them.

17) The Leuenberg Agreement is a declaration by churches of the Reformation in Europe. It has become an exemplary model for the declaration and realization of church communion in other regions of the world (cf. also CJC III.3.1). Some churches have reached agreements comparable to the Leuenberg Agreement, for instance in 1998 the Lutheran, Reformed and United churches in the USA with the *Formula of Agreement* and in 2006 the Lutheran and Reformed churches in the Near East with the *Amman Declaration*.

1.3 Church communion realized in life

18) The history of the Leuenberg Church Fellowship, from 2003 the Community of Protestant Churches in Europe, is a history of the steady growing together of over 100 member churches. Church communion has been experienced as communion in worship (3.1), as communion in doctrine (3.2), as communion that is evolving in shape (3.3), and thereby as a communion of witness and service in the Europe of today (3.4).

1.3.1 In the CPCE, church communion has been and is experienced as communion in worship:

19) Church communion grows out of the encounter between the witness of the gospel and human beings. For that reason, it comes to expression most profoundly in the common celebration of worship. Thus, in the CPCE, Lutheran, Reformed, Methodist and United are joined with one another in worship, they have fellowship at the Lord's Table, and their ministers exchange pulpits. The CPCE as a communion reconciled in Christ has lived from the outset in pulpit and table fellowship.

20) The maintenance and fostering of a common worship life in liturgy and hymnody is part of table and pulpit fellowship. In the past few years numerous such projects have been developed: the introduction of a Leuenberg Sunday, the work on liturgical material for shared services of worship, the development and introduction of the CPCE songbook *Colours of Grace* (2007), the interlinking of the liturgical work through the institution of a much used internet portal on liturgy and through consultations on worship.

1.3.2 In the CPCE, church communion has been and is experienced as a communion in doctrine:

21) Church communion is deepened by theological teaching and learning together. The Leuenberg Agreement commits the signatory churches to further theological work: in general, in the deepening, examination and constant updating of the common

understanding of the gospel in the light of the witness of Holy Scripture (cf. LA 38); and in particular, through doctrinal conversations or through theological work on the doctrinal differences »that persist within the participating churches and between them without being grounds for division« (LA 39).

22) To a considerable extent, a path and profile for church communion have been shaped by doctrinal conversations. They determine the rhythm of work between the general assemblies. Their results, arrived at by authorized project and working groups, are presented to the member churches for their comments prior to any resolution at the general assembly. The responses of member churches feed into the final shape of the text. In this way, a higher level of participation and a broad reception have been achieved.

23) Past doctrinal conversations have considered the themes which in LA 39 were identified for further work: the relationship of the two kingdoms doctrine to the doctrine of the sovereignty of Jesus Christ (1975–1981), the doctrine of Baptism and Communion (1981–1987), Ministry and Ordination (1976–1987, 2006–2012, with the explicit inclusion of episcope), Law and Gospel (1994–2001), Scripture and Creed (2006–2012). In addition, studies have been produced whose composition has arisen from the life of the church communion, such as the ecclesiological study *The Church of Jesus Christ* (1987–1994), and the studies which built on it: *Church and Israel* (1994–2001), *The Shape and Shaping of Protestant Churches in Europe* (2001–2006) and *Evangelizing: Protestant Perspectives for the Churches in Europe* (2001–2006). These and numerous other theological projects such as for example *The Christian Witness to Freedom* (1987–1994) further clarify the importance of theological work for the deepening of living church fellowship and the processes of learning that are associated with it.

1.3.3 In the CPCE, church communion has been and is experienced as a communion that is evolving in shape:

24) Church communion is dependent on reliable forms of communication and organization. In the 1990s it became increasingly clear that with the institutional weakness of the Leuenberg Fellowship, which had originally been deliberately intended, problems had surfaced for which an appropriate solution had to be found. Through the doctrinal conversations, areas of work were to be developed which would also require a stronger institutional structuring. These should take into account the evolving shape of the communion in worship, in doctrine and in witness and service.

25) The goal of a »further development of the structural and juridical shape of the CPCE« and the »raising of the transparency and efficiency of its decision-making« called for a series of measures which were proposed by the 2006 general assembly in Budapest (cf. *Final Report* ch. 4). These were realized through the preparatory work and implementation by the general assembly in Florence (2012). Clearer regulations were introduced for the sending and mandating of delegates and for a more binding structure for the participation of the churches. In Budapest a statute was adopted through which the communion was given the character of a separate juridical entity. The executive committee in 2006 became a council, whose presidium of three people represents the CPCE externally.

26) Advisory groups were called into being, to support the council and the presidium with their specialized competence and prepare opinion papers on current problems: the specialist group on ethics (from 2007) and the specialist group on ecumenism (from 2009). From 2007, members of a younger generation were more deeply involved in the work of the CPCE.

27) From the beginning the regional groups have seen themselves as having special responsibility for witness and service and have promoted the regional interlinking of the Leuenberg

Church Fellowship in exemplary fashion. In this way cross-border forums and consultations on theology, social ethics and diaconal work have emerged. These have proved themselves to be an important nucleus for the growing together and intensification of church communion in particular European regions.

28) With the document *Training for the Ordained Ministry in the Community of Protestant Churches in Europe* (2012) the CPCE churches have set out their common understanding of good theological training and developed a concept of training for churches, as well as university faculties and theological colleges, to use as guidelines, so as to make progress with the exchange of ministers in the CPCE – another way of deepening their togetherness and strengthening the church communion.

1.3.4 In the CPCE, church communion has been and is experienced as a communion of witness and service in the Europe of today:

29) The unanimous testimony of the gospel is an important concern of the Agreement. From that grows the liberation of the churches and their common commitment to service. Service is regarded as »service of love … which focuses on human distress and seeks to remove the causes of that distress. The struggle for justice and peace in the world increasingly requires that the churches accept a common responsibility« (cf. LA 36). Up to the fall of the Iron Curtain, the Leuenberg Church Fellowship, as it was then called, was experienced as a communion in which the opposed systems of a divided Europe could lose their significance in dividing people from one another, and in which solidarity in the gospel could be lived out across borders.

30) In the course of the 1990s the pan-European dimension and the task of becoming visible at a European level became increasingly significant. The new political and social fields of action which opened up following the surmounting of the division of Europe made Europe and European questions a central theme. The European Protestant Assembly in Budapest (1992) called

on the Protestant churches in Europe to »fulfil together their responsibility for the future of Europe« and in so doing drew attention particularly to the Leuenberg Church Fellowship. The demand of the general assembly in Belfast (2001) to let »the voice of the Protestant Churches in Europe become more audible« set the agenda. This demand has from then on governed the agenda of the Leuenberg Church Fellowship.

31) Again and again in the past few years the CPCE has expressed an opinion on developments in Europe and its current problems, with, for instance, the statement from the presidium *Meeting the Crisis* on the EU summit in 2011 in Brussels, the statement from the assembly in 2012 on the current situation in Europe with the acute problems caused by the crisis in the financial system, the economy and government debts, in 2014 with a statement on the European elections, in 2015 with a statement on the refugee crisis *Shelter and welcome refugees*, in 2017 with a statement on the 60th anniversary of the Treaties of Rome. The CPCE churches consciously participate in the socio-ethical questions which preoccupy Europe, for example with the guidance on end-of-life decisions and care for the dying *A time to live, and a time to die* (2011) or on questions of reproductive medicine »Before I formed you in the womb ...« (2017).

32) In 2009, the CPCE embarked on a collaboration with the joint working group for Protestant diaspora work in Europe (AGDE). The AGDE provides a platform for the coordination of shared relief programmes. Its often long-standing partnerships, its experience of relief programmes, and its relationship with donors for congregation-building, training and diaconal work, offer a resource which should not be underestimated. It may also offer the basis for a possible enlargement of the agenda of the CPCE around the promotion of church work for solidarity, through which the character of the church communion as offering service as well as witness is strengthened and shaped.

1.4 Church communion and ecumenism

33) Ecumenical commitment is inseparable from church communion. In declaring and realizing church communion amongst themselves, the churches signatory to the Agreement »do so as part of their responsibility to promote the ecumenical fellowship of all Christian churches. They regard such a fellowship of churches in the region of Europe as a contribution to this end« (LA 46 f.).

34) In connection with the twentieth anniversary of the adoption of the Leuenberg Agreement, other Protestant churches were also invited to sign the Agreement. In 1993 the *Unitas Fratrum* in the continent of Europe and the Czechoslovak Hussite Church joined the Church Fellowship. Of the Lutheran churches of Scandinavia who had already been involved in the work from the beginning, the Agreement was signed in 1999 by the Church of Norway, and in 2001 by the Evangelical Lutheran Church of Denmark. The Church of Norway particularly underlined the fact that they were led to this step by the ecclesiological statement in the study *The Church of Jesus Christ.* In 1997 the Methodist churches in Europe came into membership through a statement, annexed to the Agreement, in which particular Methodist concerns (e.g. sanctification, community in service) were taken into account.

35) In other continents too, Lutheran and Reformed came to make declarations of church communion. They took this step with express reference to the Leuenberg Agreement. The *Formula of Agreement* and the *Amman Declaration* (see above § 17), as statements of full mutual recognition, prove the significance of this model of unity beyond the European region. Previously churches of the La Plata states in Latin America had signed the Leuenberg Agreement. In addition, the world-wide international Lutheran-Reformed dialogue refers expressly to the church communion created by the Leuenberg Agreement. The first Budapest Report (1988) recommends that all churches examine

the historic anathemas in the light of their significance today, declare church communion in Word and Sacrament and follow a common course of witness and service. The most recent report of this dialogue *Communion: On Being the Church* (2014) deepens the common understanding of the Church. Here too the lines of connection with *The Church of Jesus Christ* should not be overlooked.

36) In Europe as well as in North America and Australia, there have been in recent years statements of church fellowship with Anglican churches. The *Meissen Agreement* (1991) and the *Reuilly Common Statement* (2001) declare church fellowship between Lutheran, Reformed and United churches which have signed the Leuenberg Agreement, and, respectively, the Church of England and the Anglican churches of Britain and Ireland. The understanding of unity upon which these are based and the model of unity which arises from it correspond to the Leuenberg approach. Even if this does not result in the common exercise of the office of bishop, the diverse ministries of the churches are mutually recognised as a consequence of the declared fellowship in Word and Sacrament. The dialogue between Lutherans and Anglicans resulted in 1994 in the *Porvoo Agreement* between the British Anglican churches and the Scandinavian and Baltic Lutheran churches, amongst them churches of the Leuenberg Church Fellowship. Although these, in distinction from the Leuenberg Agreement, took the step to a common exercise of the episcopal office and so to a more visible unity, here also the model of unity and its shaping is closely related to that which was realised in the Leuenberg Church Fellowship. This holds good for the Lutheran-Anglican statements in other continents which follow the Porvoo model such as the statement *Called to Common Mission* between the Lutheran and Episcopal churches in the USA (1999), the *Waterloo Statement* between the corresponding churches in Canada (2001) and the Australian process *A Common Ground*.

37) There have been clear rapprochements with other European churches which relate to the Reformation. The dialogue that began in 1993 with the European Baptist Federation led in 2005 to a conclusion which shows considerable steps forward in the understanding of Baptism and Church. In 2010 an agreement in cooperation was signed which provided for the extension of contacts made already and engagement in mutual work.

38) The relationship with other Christian confessions has also been stimulated. With the study *The Church of Jesus Christ* impetus was given to new ecumenical conversations. These are dedicated primarily to ecclesiology. From 2002 to 2008 there took place a corresponding dialogue with the Orthodox churches in the CEC. It led to the recommendation of agreements on the mutual recognition of Baptism. In 2013 the official conversations got under way with representatives of the Roman Catholic Church on questions on the understanding of church and church communion. These developments show that the Community of Protestant Churches in Europe, based on the Leuenberg Agreement, is perceived today as an independent ecumenical partner.

2 Theological Foundations

2.1 The church as the body of Christ and the communion of saints

39) The church is in its essence the body of Christ (1 Cor 12:12f, 27). In the communion with Jesus Christ human beings obtain communion with God and with one another. The biblical discourse of the body of Christ makes it clear that the church only exists in communion with Christ as its head (e.g. Eph 4:15f; Col 1:18) and that correspondingly it »does not have the ground for its unity in itself but in Christ as its Lord present and acting in the Spirit« (CJC I. 2.1).

40) Although the Leuenberg Agreement does not develop any teaching on the church, it marks out the foundation and the core idea of its implicit ecclesiology by emphasising: »The church is founded on Jesus Christ alone. Through the gift of his salvation in preaching and the sacraments, he gathers the Church and sends it out« (LA 2; cf. LA13). The communion of the church is established and lives in the proclamation of the gospel and the celebration of the sacraments.

41) The study *The Church of Jesus Christ* develops what is outlined in the Leuenberg Agreement: the church is, in communion with Jesus Christ as the head of the church, a communion in the gifts of salvation (*communio [rerum] sanctorum*) and hence, the communion of saints (*communio [hominum] sanctorum*) (cf. CJC I. 1.3). This takes place in the power of the Spirit of God, who, as the Giver of life, does not isolate but unites human beings with God in Jesus Christ and with one another.

42) The church therefore owes its existence to the work of the triune God, who as Father through the Son in the Holy Spirit lovingly grants his creatures their being and preserves it, overcomes through his Word the alienation of humanity in the in-

carnation of the Son and the gathering of the church and so opens up new communion in the Spirit of freedom (cf. CJC I. 1.1 and I. 1.4). The CPCE shares this perspective with the worldwide ecumenical movement: »This saving activity of the Holy Trinity is essential to an adequate understanding of the church« (*The Church: Towards a Common Vision.* Faith and Order paper no. 214, WCC: Geneva, 2013, § 3). In this sense, the church is a communion in Christ and the Spirit.

2.2 Fellowship in Word and Sacrament

43) In the gospel of Jesus Christ, God grants his unconditional grace and offers righteousness through faith alone. In this way he grants new communion with himself and frees humanity from a situation of alienation and opposition to God into a new life and »sets in the midst of the world the beginnings of a new humanity« (LA 10). In the Reformation understanding of the gospel as justification through faith alone without works, the reconciling and liberating power of the gospel received new recognition. This is the lasting consensus of the Reformers, endorsed by the Leuenberg Agreement and forming the starting-point for surmounting church-dividing doctrinal differences between the churches of the Reformation.

44) Through the right preaching of the gospel and the due celebration of the sacraments of Baptism and the Eucharist, humanity is brought into communion with Christ and gathered in the church as a communion of the saints/believers. The New Testament speaks here of the *koinonia* of believers which is at the same time *koinonia* with their Lord (1 Cor 10:6f; cf. Acts 2:42). Only in the communion of these gifts of salvation bestowed in Christ is the church the *church of Jesus Christ*. Accordingly, LA 2, picking up on CA VII, stresses that an agreement in the understanding of the gospel and the celebration of the sacraments is the necessary but also sufficient condition for the unity of the church.

45) The biblical term *koinonia* (communion, fellowship) has a central significance in the ecumenical quest for a common understanding of the life and unity of the church (cf. Commission for Faith and Order: *The Church: Towards a Common Vision*, § 13). The church as the body of Christ is a communion (*communio*) in and through its participation in the gifts of salvation, Baptism and the Lord's Supper. Through these, it is not just the individual who gains communion with God in Christ. On the contrary, through the gifts of salvation, the participants are *at the same time* bound with one another in communion. By faith in Christ the faithful do not just believe that Christ grants communion to each of them individually, they know at the same time that the communion is valid also for all others who believe in Christ. Through faith in Christ, who died for all, others are neighbours.

46) In the ecumenical movement, the German term »Kirchengemeinschaft« is established as a rendering of the Latin word *communio*. It is so used in the Leuenberg Agreement which was originally drawn up in German. One has to take account of the fact that the German language only has the expression Gemeinschaft to translate *communio* as well as *communitas*. »Kirchengemeinschaft« emphasises *communio* and the ecclesial quality so expressed. The French language distinguishes between *communauté* and *communion*, English between *fellowship, community* and *(ecclesial* or *church) communion*. From the Leuenberg Agreement onwards, the French texts of the CPCE used the term »communion ecclésiale« as the equivalent of »Kirchengemeinschaft« while in the English CPCE texts the term »church fellowship« was used as the equivalent of »Kirchengemeinschaft«. So the Leuenberg »Kirchengemeinschaft« was described as the Leuenberg Church Fellowship. In other ecumenical texts, both in inner-Protestant and in interconfessional dialogues, the term »communion« (sometimes »ecclesial communion«, sometimes »church communion«) prevails. In order to avoid misunderstandings and to bring it into line with international ecumenical usage, preference will from now on be given to the term »church communion«.

47) Agreement in the understanding of the gospel is for a Protestant understanding constitutive both of the communion of the church and also of the communion of the churches (cf. LA 6–12). According to the insight of the Reformers, justification occurs *sola gratia, sola fide, solo Christo* and *solo verbo.* On the basis of the recognition of the common understanding of the gospel, church-dividing doctrinal differences in the understanding of the sacraments, in Christology and in the doctrine of predestination are overcome in the consensus statements of the Leuenberg Agreement (cf. LA 13–28). It is just so that the basic meaning of the doctrine of justification proves itself.

2.3 Confession, doctrine and life

48) The agreement in faith in the gospel is set out in the doctrine of justification (cf. LA 8). However, fellowship in faith arises not through doctrinal affirmations, but only through the proclamation of the gospel in worship, in Word and Sacrament, in which Jesus Christ makes himself present in the power of the Spirit of God. Even though agreement in the understanding of the gospel is not achieved through doctrinal formulations, it still requires doctrinal development and confirmation.

49) In the CPCE, the diversity of confessional traditions among the participating churches is understood as an enrichment. In the confessional documents of the period of the Reformation, the insights of the Reformers were articulated in concrete terms in their respective regional contexts and combinations of problems. They are part of the shaping of the Reformation churches which in turn recognise the providence of God in their individual histories. Reference to particular different confessions is recognised in the Leuenberg Agreement as a confession of the same faith and so is not seen as an obstacle to church communion. This is confirmed in the doctrinal conversations to date. It is not the subscription to individual confessional formulas that is constitutive of the fellowship in Word and

Sacrament, but the agreement in the understanding of the gospel.

50) The special character of the CPCE as a communion of churches with different confessional positions is based in the first place on the understanding that the Reformation confessions agree in the understanding of the justification promised in the gospel through faith alone and express this in a variety of ways in different places and times. Secondly, it is based on the Leuenberg Agreement's overcoming of church-dividing doctrinal differences relating to the sacraments, Christology, and the doctrine of predestination. As long as individual differences in doctrinal statements do not bring the agreement in the understanding of the gospel into question, the variety of confessional positions in the churches is not an obstacle to communion, but only an expression of a legitimate diversity.

51) For the realization of church communion it is essential that the agreement in understanding of the gospel is constantly being deepened and secured in the context of contemporary challenges and in debate with the individual confessional traditions (cf. LA 37 f). The doctrinal conversations serve as part of the process in which church communion between churches with different confessional positions is realized.

52) The recognition of various confessional commitments and their diverse evaluation is associated in the CPCE with the recognition that there are different forms in all areas of church life. However, this presupposes that the structure and organization of a church correspond to its task of proclaiming the gospel in Word and Sacrament and so to the contents of the gospel itself (cf. LA 12). For that reason, exchanges of views about structures are called for and critical theological reflection on the realization and deepening of church communion.

2.4 Fellowship in the Lord's Supper and church communion

53) In the celebration of the Lord's Supper, the fellowship of believers with Christ and with one another is experienced in a concise way through the senses. In it the crucified and resurrected Christ himself makes himself present, gives himself, and assures the participants of his fellowship. The promise of the presence of Jesus Christ is effective for all who gather in faith round the Lord's table in the most varied places. In each celebration of the Lord's Supper those who participate are joined together with all other Christian communities to whom, in the feast, Jesus Christ has made himself present, is making himself present and will make himself present.

> For the CPCE churches, that means that it is not the invitation of all who have been baptized to the common celebration that requires accounting for but rather the restriction and limiting of such fellowship before the Christ who extends an invitation as Lord of the church and before all to whom fellowship is refused.

54) The close connection with the whole of Christendom is fundamental for the celebration of the Lord's Supper as a fellowship meal.

> Cf. the Commission for Faith and Order: *The Church: Towards a Common Vision* § 22: »The Church is catholic because of the abundant goodness of God ›who desires everyone to be saved and come to the knowledge of the truth‹ (1 Tim 2:4). Through the life-giving power of God, the Church's mission transcends all barriers and proclaims the Gospel to all peoples. Where the whole mystery of Christ is present, there too is the Church catholic (cf. Ignatius of Antioch, *Letter to the Smyrneans,* 6), as in the celebration of the eucharist. The essential catholicity of the Church is undermined when cultural and other differences are allowed to develop into division. Christians are called to remove all obstacles to the embodiment of this fullness of truth and life bestowed upon the Church by the power of the Holy Spirit.«

In the celebration of the Lord's Supper the catholicity and unity of the church are portrayed in a special way. Church communion and fellowship in the Lord's Supper belong together.

55) The church of Jesus Christ exists in the communion of communions. The supra-regional attachment of the churches to one another in the communion of Christ, which comes to expression in the Lord's Supper, cannot be thought of as something additional to the local or regional communion of a church. In the communion with Christ, which is mediated through the gospel in the power of the Spirit, not only are individuals joined in the local church communion, but churches are also joined with each other at regional and supra-regional levels.

56) In declaring communion with one another, the churches of the CPCE desire to give visible expression to the fact that they exist as churches of Jesus Christ in the communion of communions. Even if they are legally independent churches, they have a share in and are one form of the one church of Jesus Christ. Church communion is »practical testimony to the unity of the church believed in in Christ« (see the »Leuenberg report«: *Church fellowship and church division. Report of the Lutheran-Reformed conversations in Leuenberg [Switzerland] 1969/70*. In: E. Schieffer, Von Schauenburg nach Leuenberg, 1983, A61). In testifying to the unity of the churches as given in Christ, the CPCE manifests its character indirectly as a communion of communions united in and through Christ as head and is thereby a church (cf. §81f).

57) Membership of the church of Jesus Christ is predicated on authentic preaching and the celebration of the sacraments in accordance with their foundation. By these marks it is recognised as one, holy, catholic, and apostolic and thereby the true church of Jesus Christ (cf. CJC I. 2.3). The leadership structures and forms of organization of church life must correspond to these marks and should not obscure them. For church communion as a communion of communions, it is of crucial significance

to consider and test the shaping of the witness and service of the church, in exchange with one another. They should be able to give an account as to why particular structures and forms of organisation are able to serve the local and/or regional communion. The »spiritual fellowship presses for the greatest possible co-operation in internal church life and in witness to and service of the world. It obliges them to clear away everything that obscures the practical witness that results from church fellowship« (Leuenberg Report, in Schieffer, A61).

2.5 Church and church communion as an expression of the event of justification

58) God's creative promise of justification through faith in Christ alone grounds and opens up the right relationship of human beings with God and at the same time the true communion of human beings with one another, in holy living. The church as the communion of saints is based on this justifying action of God and is at the same time part of it in that it is entrusted with the proclamation of the gospel in Word and Sacrament. Without justification by God, there is no salvation for human beings. For that reason, the church is one of the steps which God must take with humankind to realise salvation. From this stems the element of truth in the frequently misunderstood saying *extra ecclesiam nulla salus.*

59) According to Protestant understanding, the fundamental form in which the church is realized is the fellowship gathered for the worship of God. But just as each local church owes its existence to the justifying work of the triune God, so also do churches in the communion of their local churches owe their existence to this saving event, and likewise communion between different church traditions.

60) Each local congregation, each church and church communion bears responsibility in its witness and service for the unity,

holiness, catholicity, and apostolicity of the church. According to the understanding of the reformers, such responsibility is not only a matter for the church leadership or ministers, but for the *tota ecclesia* and so for all members of the church, each in their own way. What goes for the local congregation or an institutionally structured church goes also for a church communion. The responsibility for unity, holiness, catholicity, and apostolicity is a matter for all members and churches of the *communio* and it remains their constant task. Accordingly the study document on the church records in its statement of the characteristic attributes of the church of faith the tasks which ensue in each case from its confession (cf. CJC I. 2.3). In this way it makes it clear that it is intrinsic to the church's mission to make the nature of the church, grounded in the action of the triune God, able to be experienced in the world.

61) To structure such responsibility in the service of the unity of the communion, it is important to have accepted methods for the exchange of opinions, decision-making and voting. This is the only way one can also make sure that agreement in the understanding of the gospel is proved secure when dealing with questions of governance and ethics, and is not broken up over these challenges.

> Amongst the most controversial questions preoccupying churches and church communions world-wide and frequently testing them to breaking point, there are currently on the one hand the topic of the ordination of women, on the other the evaluation and legal position of same-sex relationships in general and of ministers in particular. The disagreements reveal how loyalty to the gospel is displayed in very different ways. These conceal differing assessments of the developments of modernity and differing biblical hermeneutics. Here too the decisive starting-point for common reflection must be the event of justification.

62) Justification through faith alone, grounded solely in the work of the triune God, gives insight into the love of God, opens up human beings for communion with Christ and so frees them

for love of God and neighbour. Love enables the recognition of the other and living with differences. It is constitutive for being and remaining in communion with Christ to view the justifying action of God and the love manifest in it as the basis and standard for witness and service, and not to aim to set up other standards arbitrarily. What applies to the individual, applies also to the churches: standards for the shaping of church life together are to be examined as to whether they express the will of God for communion revealed in the gospel, and are guided by the will to maintain communion through trustworthiness and by dealing with differences creatively.

63) The church as *communio sanctorum* and therefore also the communion of churches within a church communion is grounded in the justifying, sanctifying and unifying action of the triune God. Therefore the strengthening and maintaining of the communion requires no defence, while withdrawal from it does. The insight that it is sufficient (*satis est*) to have agreement in the understanding of the gospel and the due celebration of the sacraments for the true unity of the church, entails the obligation to preserve and deepen the communion. This applies not only whenever conflicts arise in questions of interpretation, but also when it is unclear whether differences, for instance over ethical questions, jeopardize the agreement in the gospel or put it in question. The *satis est* is not to be read as a formula limiting discussion. On the contrary, it is precisely on the grounds of the fundamental significance of agreement in the gospel that everything must be done in the event of conflict to hold onto communion and to carry on working on the questions that emerge. It is in this and not in withdrawing from communion that the truth of the gospel is realized, and with it the apostolicity of the church.

64) In the study document *The Church of Jesus Christ*, the CPCE churches explain together their understanding of the church and the significance of the ordained ministry for the being of the church. The requirement to let the nature of the church be

made concrete in witness and service points to the need for further development of the already existing structures for this task in the shape of the general assembly, the council, the advisory groups, the doctrinal conversations, and the contacts and joint work at congregational level.

3 Challenges: Verbindlichkeit – Reception – Catholicity

The terms *Verbindlichkeit, reception* and *catholicity* sum up the challenges which confront the CPCE today. It is a question of strengthening and deepening the communion of the churches of the Reformation in Europe, of putting into practice the unity of the church of Jesus Christ declared, lived out and aspired to in the CPCE, and also of the credibility of this model of unity.

3.1 Verbindlichkeit

66) The claim *that* the Leuenberg Agreement is binding can only be truly understood if it is simultaneously explained *how* the Leuenberg Agreement is binding or *what* in the Leuenberg Agreement has binding force. What is binding is the declaration of church communion between previously separated traditions, which now recognise themselves in their mutual otherness as a true expression of the one church of Jesus Christ and express this by granting one another pulpit and table fellowship, and in this way are church together.[1]

---

[1] Note regarding the notion of »Verbindlichkeit«: This German term conveys the obligatory character (the authority) of an agreement, of a mutual engagement, in this case of a declaration of communion. It is a matter of the new bond which now exists between the partners, a bond of trust which goes beyond the solely formal or juridical dimension. The Latin *obligare* – from the verb *ligare* (to bind) – and the derived noun obligation cannot be used in English or in French, where these expressions have another meaning today. The original meaning is only found in rare expressions, sometimes from another age, such as »noblesse oblige«. One could certainly talk of »authority« to express this new reality so long as we remember that the root of »authority« is on the one hand »author« but even more the Latin verb *augere*: to grow. One could speak of »mutual accountability«, but this does not express

67) This Verbindlichkeit is expounded in the Leuenberg Agreement itself. The Agreement does this by tying three stages closely together. The three elements are the following: a) the common understanding of the gospel, b) the decision that the historical condemnations do not apply to today's conversation partners and c) mutual recognition as a true expression of the church of Jesus Christ. This is how the declaration of church communion is arrived at, which is expressed in the joint celebration of word and sacrament and the mutual recognition of ministries which arises from it. a), b), and c) are not binding as such. What is binding is the interplay of these three dimensions and their articulation as proposed in the Agreement. By their approval, each synod (or the corresponding governing body of the respective church) of the signatory churches has sanctioned the articulation of these three elements. It has declared the Agreement and the CPCE which emerged from it to be binding and consequently has committed itself to a special ecumenical model of unity. This model of unity, which today is often described as »unity in reconciled diversity,« has been taken up in a similar way in other ecumenical processes.

68) The same applies to the Verbindlichkeit of the other statements of church communion made by the signatory churches of the Leuenberg Agreement with the Methodists, or by individual churches of the CPCE with the Anglicans.

69) The particular Verbindlichkeit which the Leuenberg Agreement claims and which represented something new in 1973 is not always seen. Certainly today one would formulate certain

---

the full meaning of the term »Verbindlichkeit«. We use in consequence this German word and sometimes »authority« to take account of this reality. This is a provisional solution. It is preferable to find an adequate English term. Perhaps the phrase »loyalty obligation«, as described in John Kleinig's book »On loyalty and loyalties: the contours of a problematic virtue« (OUP 2014), pp. 193 ff., may be applicable.

points otherwise. The Leuenberg Agreement is also not a new confession of faith (cf. LA 37). The individual formulations are not as such absolutely binding. In addition, the Agreement by no means makes a claim to completeness. Even the right understanding of the gospel as set out only maintains its Verbindlichkeit in interplay with the other elements: the non-applicability of the anathemas and the recognition of the other tradition in its otherness as church. The articulation and interplay of the three named elements should still today be the central, authoritative focus.

It is a well-made point that »churches of different confessional positions« accord one another church communion (LA 29, 37). To put it pointedly: church communion, according to the understanding of the Reformers, is always also confessional communion, communion in profession of faith. But confessional communion is not the same as being bound by confessional documents that are identical word-for-word. That some participants are bound by certain confessional documents and others by others is no contradiction to the collective *confessio* in its full dimension as *leiturgia, martyria* and *diakonia* (see the study document *Scripture, Confession, Church*). The CPCE is a confessional communion in its relationship to different confessional positions, as consequence of the authority which is claimed by the Agreement.

70) The Verbindlichkeit of the Leuenberg Agreement is that »churches with different confessional positions accord each other fellowship in word and sacrament and strive for the fullest possible co-operation in witness and service to the world« (LA 29). There must then be some place where this Verbindlichkeit is verifiable. Otherwise, this communion would not be able to be experienced. The Agreement takes that into account. Starting from the Agreement, there have arisen five points of verification for the CPCE: a) communion in worship, b) communion in doctrine through further theological work, c) communion in growing structural evolution, d) communion in witness and service in the Europe of today, e) communion in ecumenical responsi-

bility (see above 1.3). These five stand in service of the authority of the Agreement, and are the places where this is expressed and can be verified. Other declarations of church communion put it in much the same way.

71) A particular weight is given in the Agreement to further theological work. Here we are not dealing with efforts to elaborate a common doctrinal statement, but with the constant verification of the fundamental Verbindlichkeit expressed in the common celebration of word and sacrament. Theological questions, old as well as new, about which the different traditions think differently must continually be worked over, so that none of them might become divisive and negate the Verbindlichkeit of the Agreement. Differences are part of church communion. It is not differences as such that must be overcome, but their potential to be church-divisive. The criterion for the legitimacy of differences is to establish whether or not these differences can dissolve the fellowship in word and sacrament. This applies in principle for each particular dogmatic or ethical question. These must be checked against the fundamental Verbindlichkeit of the Agreement. In this way the common understanding of the gospel is deepened further, examined in the light of the witness of Scripture, and continually made relevant (cf LA 38). If one suspects that consensus has here been reduced to a minimum, one overlooks the fact that the Verbindlichkeit of the declaration of church communion has consequences for every area of theology and of the life of the church. In addition, this model's capacity to be fruitful for the whole ecumenical movement is understood as a point of verification of its Verbindlichkeit.

72) This understanding of Verbindlichkeit is based on the adoption of fundamental decisions of the Reformation by the ecumenical movement.

73) This is clarified by the example of the reference to Scripture. It is universally maintained that Scripture is binding and has authority. The question of *how* and *why* it is binding is crucial,

however. The classic reply of the Reformers states: it is binding in so far as and because it testifies to the gospel: the action of God *pro nobis* that has taken place in the Incarnation, Cross and Resurrection of Jesus Christ. It is not the letter of Scripture that is binding but the gospel proclaimed in it. Similar considerations apply to the confessional documents, which are not binding as juridical texts, but because as *norma normata* they provide the context within which the *norma normans*, the gospel, is to be applied without restriction in a new situation. It is thus that our individual churches are shaped and structured. The method of the Agreement and its claim to Verbindlichkeit is directly analogous to these fundamental decisions of our churches.

> Numerous churches have problems with the authority of the texts of reference. The authority of Scripture is of course generally emphasized. But it is widely disputed *how* this is to be expounded. This especially applies to the authority of the confessions and the confessional documents. These are often treated as historical texts whose authority has expired. Against this background many current difficulties may probably be explained, not least the difficulty of developing common authoritative doctrine. So the question of the authority of the Leuenberg Agreement leads directly to unresolved questions within the individual churches. Ecumenical work proves to be an authentic mirror of the internal problems of our individual churches and acts as a strong stimulus to progress the discussion on the meaning and role of the Verbindlichkeit of texts of reference.

74) Growth in Verbindlichkeit is the work of the Holy Spirit and at the same time an expression of human will and work. It is not realized overnight. The history of the reception of the Leuenberg Agreement in the individual churches is the best evidence for its growing Verbindlichkeit. A text that was initially often disputed has over time acquired a Verbindlichkeit which to a large extent is undisputed today. The communion bestowed and declared is a commitment. It has been constituted in collaboration on the way. A binding tradition has emerged, which has led

the churches to a new awareness and from which the churches draw.

3.2 Reception

75) Reception is a process in which a church or a church tradition appropriates a truth that does not derive from itself, but which it recognizes and receives as a formulation of faith. Reception is distinguished from an act of obedience, in which a subordinate directs her will and her conduct according to the legitimate instructions of a superior out of respect for her authority. Reception presupposes the free judgment and assent of those of whom it is asked. The churches of the CPCE find themselves in such a process.

76) Reception cannot be restricted to the formal act of assent. Only spiritual acceptance, the taking over of what is to be received into the spiritual life of the communion, gives its true authority to what is to be received. In ecumenical terms, it is not simply a question of information or of the examination of the result of a dialogue. The reception, for example, of the results of a study group cannot be restricted to the formal approval of the results by individual synods. In reception, the theologically binding consensus creates a new quality of communion between traditions, which, though they appealed simultaneously to the gospel, had separated from each other or at least had become estranged. It is the work of the Holy Spirit that certain conclusions gain acceptance over time, become texts of reference and thereby gain Verbindlichkeit (e. g. the study document *The Church of Jesus Christ*).

77) Such an event of ecumenical reception is closely comparable with similar events in church history, where local churches received the conclusions of supra-local synods and councils. Only reception at the grassroots lends a conciliar decision its concrete authority. Besides, doctrinal decisions – for example those of

the first councils – have always had a dual role, both as the starting-point and the end-point of reception. This applies also to the ecumenical movement, where what is to be received has often already been a reality on the ground for quite some time.

78) There are crucial differences between the reception of council resolutions by the local churches (for example in the case of the creeds of the first centuries) and the ecumenical reception which occurs in the CPCE. The churches of the CPCE receive the reciprocal recognition of another communion in its otherness. For a church tradition to be recognised in its otherness as an expression of the true church is an exceptional occurrence. For the churches, such a reception is nevertheless ecumenically decisive, and is the positive challenge which the churches of the CPCE confront. This challenge sets daily new tasks, which are not to be solved solely through recourse to analogous situations in history. It requires creativity and also needs time. In the area of the CPCE, many more steps have been taken on this way than is often supposed.

> Such a conception embraces a reform of one's own tradition, the checking if not the modifying of »my« convictions, as well as a reassessment of the »truth« of another tradition, which »my« church from now on understands as a legitimate expression of the one church of Jesus Christ.

79) In such an action there occurs true reconciliation. Mutual recognition opens the way to an actual life together – to a true communion of legitimately different churches in one place. So in the formula »unity in reconciled diversity,« special weight is placed on the aspect of reconciliation.

80) Reception requires a particular openness to conciliarity. In the CPCE it takes place in the interplay between decisions of the general assembly and the *sensus fidelium* of the participating churches. Here a particular responsibility rests with the individual synods and church leaderships. They have already,

through the declaration of church communion, taken a decisive step. But that was only the beginning. Now the time has come to put this church communion into practice in the life of the individual churches and the work of their synods. The Leuenberg Agreement distinguishes consciously between declaration and realization; this distinction structures its text as a whole.

> There has certainly never been a council (in German: »Konzil«) of the CPCE. However, through the resolutions of the synods (or the corresponding bodies) to declare and realize church communion, the CPCE churches are no longer in a pre-conciliar situation, as is the case in most other ecumenical dialogues between churches. The situation of the CPCE is conciliar, but without a common synod.

3.3 Catholicity

81) Since God's salvation is for the whole world, the church founded by him is an all-embracing (catholic) communion. The faithful have always shared in it on the grounds of their baptism. Catholicity is, alongside unity, holiness, and apostolicity, a characteristic mark of the church of Jesus Christ. The one church is based on the promise of an all-embracing communion of all people. Catholicity means a border-crossing existence as church in common that transcends all confessional, ethnic, linguistic, and national boundaries (cf. Gal. 3:28). Only the awareness of catholicity lends meaning to every ecumenical endeavour.

82) Catholicity is unity in extension. The Leuenberg Agreement is aware of this and expresses it by saying that the realized church communion seeks »to promote the ecumenical fellowship of all Christian churches« (LA 46). This commitment was recognized by the signatory churches and implemented in practice in the dialogue with the Methodist churches and the expansion of the communion from the Leuenberg Fellowship to the CPCE.

A further step was the dialogue of many churches of the CPCE with Anglicans, which resulted in church communion in many places. The CPCE also strives to achieve this catholic understanding of unity in dialogue with the Baptist churches, with the Roman Catholic Church and with the Orthodox churches. The effort at catholicity is all the more urgent for the fact that in many countries new spiritual movements, for the most part with pentecostal or evangelical roots (neo-pentecostals and neo-evangelicals) have arisen and are arising and extend to the churches of the CPCE.

83) Catholicity must also be discerned *ad intra* through the CPCE. Through the declaration of church communion important dimensions of catholicity are already given and realized. But it must be deepened and consolidated and further developed in the direction of a lived conciliarity. Unity is intense catholicity. Progress in the realization of church communion must be accompanied by a growing awareness of catholicity and its realization in each individual member church of the CPCE.

84) Catholicity is a theological challenge for the CPCE churches. Their model of unity is an innovation not least in relation to the shaping of catholicity. Much has happened in the past decades. It needs however to be consolidated theologically.

a) Traditionally in many churches catholicity is guaranteed through the exercise of the office of bishop and the synods of bishops which result from it. The churches of the CPCE emphasise that church leadership is exercised in personal, collegial and communal ways (see CJC I. 2. 5.1.1). At the same time a special significance is attached to the leadership of synods, even in those churches that value the personal office of bishop. In this respect the question arises as to whether there should also be synodal structures at the level of the CPCE as a whole.

b) In order to preserve their unity, churches are endowed with a church order. This describes and orders primarily the mutual spiritual commitment in the diverse areas of local church life and is to be distinguished from mere administrative regulation. The development of a »discipline« in the Reformed tradition from the beginning did in no way imply a bureaucratic administration, but a spiritual discipline, an ecclesiastical order, on the basis of which ministers accept obligations at their ordination in the same way as they do in relation to the confessions of faith. For the CPCE the question arises whether initiatives towards a common church order are not necessary to promote the catholicity of the CPCE *ad intra*.

A church order does not pertain to the *esse* but to the *bene esse* of the church. It is therefore not necessary to the same degree as the celebration of Word and Sacrament in accordance with the gospel. But even the *bene esse* needs careful attention by the churches. The lack of a constitution or *discipline* (in the Reformed sense of the word), that is a spiritual order, leads not infrequently to an excessive amount of bureaucratic regulation.

85) Catholicity within the CPCE also encounters concrete difficulties not related to doctrine, which are to be overcome:

a) A first difficulty results from the concern of individual churches that they might lose their independence. The Leuenberg Agreement stresses the legal independence of the individual churches and expressly resists any kind of uniformity that would be at the cost of the living diversity of the individual churches (cf. LA 43, 45). The other church has to be recognized in its otherness as a legitimate expression of the true church of Jesus Christ (see Reception). This does not however mean a self-regarding particularism, in which each individual church is self-sufficient, be it at the local, regional or national level. Communion imposes obligations, and changes the previous way of being a local church.

b) A second difficulty arises from the danger of fatigue and habituation. We tend to be satisfied with what we have already achieved. After centuries of antagonism we have come at last to live and work together in friendship, and there is a great temptation to rest content with that. This does not correspond to the CPCE understanding of church communion. However, the CPCE is reproached by other churches, not always without grounds, that its model results in standing still and maintaining the status quo.

c) A third difficulty for lived catholicity within the CPCE is inherent in the fact that synods and church leaders of many of its churches pay too little attention in their decisions to the communion of the CPCE as a whole and the binding obligations and commitment to conciliarity.

86) The capacity for a resolutely practised catholicity *ad intra* is decisive for the ecumenical plausibility of the CPCE model of unity and for its ability to bring this model of unity into discussion with other Christian churches.

4 Recommendations and Concrete Steps Forward

87) In parts 1 and 2 of this study, it was explained that the unity that is given and realized in the CPCE is lived and experienced by the worshipping community. The participating churches declare church fellowship and grant one another pulpit and table fellowship (LA 33 f). Thereby, according to their conviction, the unity of the church of Jesus Christ has been created. It is a gift of God to previously separated churches which now bear witness together in the world and commit themselves to common service.

88) Part 3 of the document cites the current challenges and connects these with the present situation of the CPCE. Verbindlichkeit, reception and catholicity receive their true meaning if they contribute to the *visibility* of the declared and realized communion. This communion takes concrete shape here and now. Only as a visible ecclesial communion is the model of unity practised in the CPCE credible in dialogue with other churches which do not belong to the CPCE.

89) As far as this concluding Part 4 is concerned, it must make concrete recommendations with which the CPCE can better discern its task in the service of the one church of Jesus Christ. This will take place through taking up anew the dimensions of church communion which are explained in part 1.

4.1 Church communion as a communion in worship

4.1.1 Communion in worship and catholicity
90) If communion in worship is an expression of realized visible unity in the CPCE, then it is necessary to strengthen the awareness that the churches of the CPCE are *one* church and to profess that faith clearly (see above § 56).

91) This awareness of together being *one* church, and not merely a league or federation of churches, does not in the least mean uniformity. It cannot be a question of advocating a single way of being church, let alone a single national or international church structure. The CPCE churches are and remain churches with different confessional positions (LA 29). Each speaks its own language, has its historical shape, its special traditions and particular confessional character, its various theological emphases, its particular church structures. In some places this has certainly led to the result that some CPCE churches in recent years have come together to form a united church, in others this is not on the agenda. This can only be decided in the local context.

92) It cannot be the point to eliminate differences solely because there are differences. But it is the point to change the character of the differences. From church-dividing divergences they must become expressions of richness in legitimate diversity. The authors of the LA have achieved this in respect of the historical anathemas. This must go further, so that no divergence may put communion in worship into question afresh.

93) As a communion in worship the CPCE is a confessional communion. That churches of different confessional positions declare themselves to be in church communion means on the one hand that the church communion is characterized by a variety of ethical, social and political stances. The one gospel leads in different situations to different positions. But it is not a question of diversity for the sake of diversity. »The Leuenberg Agreement intends … the obligation of the member churches to join together in a common way of confessing in spite of different confessional traditions. The Agreement is in this respect a ›signpost‹ to those churches of the CPCE to walk the way of contemporary confessing together« (*Scripture, Confession, Church*, end of §7). Communion in worship cannot be separated from the common confession that remains the standard for legitimacy of diversity on this confessional path (see 3.1.4).

94) A communion in worship means that the CPCE is a *catholic* church. Where Word and Sacrament are truly celebrated, the *one catholic* church of Jesus Christ is present. Catholicity means that each congregation that celebrates divine worship is wholly church without claiming that it is the whole church. It is also a Reformation conviction that a worshipping congregation is a catholic church, if it is held together with the universal church beyond its individual boundaries in space and time. Even if they gave a greater autonomy to the local church than was the case in the Middle Ages, the church orders produced by the Reformers did not support a trend towards congregationalism. The congregation celebrating here and now is, of its nature, united with every other local congregation. Ethnic, national and other boundaries are transcended. The catholic church also reaches out beyond time, and ties the congregation celebrating here and now into the Christendom of all times, from the communion of the church of the first centuries onwards. In this way the Reformation too understands the catholic church not as an extra to the local congregation gathered for the service of worship, but as the *una catholica ecclesia* to be experienced in the individual congregations.

95) It remains the constant task of the CPCE to bring to expression the reality of being church that is shared by the local congregation and the wider church. Serving this end are the general assembly, the council and the office staff as well as all other areas of work in the CPCE. The representation of the shared reality of being church requires better visibility. In this way, new ground is broken, although in church history in other contexts there are some pointers to the solidarity of independent churches, as for example the autocephalous tradition which may be traced back to early church tradition.

96) In this sense the understanding of unity as a worshipping community is the hermeneutical principle of all the work of the CPCE. This gives rise to and is decisive for communion in doctrine, communion in witness and service, communion in grow-

ing formation and communion in world-wide ecumenical relations. As it realises communion in worship, the CPCE is *one* church in reconciled diversity. It is crucial and should be a matter of course that the CPCE churches understand themselves collectively as *one* church and express this view clearly.

4.1.2 The common celebration of Word and Sacrament

97) The declaration of pulpit and table fellowship has as its objective that there should be actual shared services of worship. Shared services of worship have for years been a matter of course at national and international meetings of CPCE churches (Assemblies, international consultations, meetings of regional groups etc.). It is crucial that this happens also in provinces or regions where various CPCE churches co-exist in one locality. The declaration of church communion allows for the particularity of each individual church. However, it must go beyond peaceful local co-existence.

98) A shared worship life requires the fostering and promotion of liturgy and hymnody. Much has been achieved in past years (see 1.3.1). The achievement is worth cultivating and building upon.

> In the consultation process for this study document various suggestions were made:
>
> On special occasions, there should be shared services of Word and Sacrament between CPCE churches.
>
> The »Leuenberg Sunday« in the middle of March and its design should be given greater attention, for instance through pulpit exchange, the invitation of preachers from other CPCE churches, meeting with neighbouring CPCE congregations.
>
> New forms of worship, which appeal to the younger generation, should be included or developed. The CPCE should be open to new worship songs and new liturgical elements, which attract people who are outside the circle of traditional churchgoers.

The CPCE should have a stronger focus on church music and make contact with the European Conference for Protestant Church Music.

99) The experience of communion in worship implies something more than existing church communion. It implies that new challenges are to be recognized and confronted. In more and more countries in Europe, new congregations are arising, which are often closely related to the Lutheran, Reformed, United and Methodist traditions, and consciously appeal to these traditions, but have scarcely any contact with CPCE churches. These are often new ethnic congregations, usually of migrants, or (neo)Pentecostal groups. Diversity here rests not so much on theological decisions, but it is experienced particularly in spirituality and in the forms of piety and worship.

100) Since, according to the understanding of the CPCE, church communion is based on communion in worship, it is also part of the ecumenical task of the CPCE to encourage the celebration of common worship with churches outside the CPCE as well, for instance in the tradition of the ecumenical »Prayers for a city«. From the experience of such services there can come a new impetus to the opening of theological dialogue, which ultimately could lead to an extension of the church communion.

101) From encounters for example with churches of a Pentecostal character and congregations of migrants stimuli for spirituality could be derived. At the same time, the helpful role of institutional forms and opportunities for theological reflection could become more accessible to these churches.

102) Communion in worship includes the mutual recognition of ministries, especially the ordination to the particular ministry of Word and Sacrament (cf. LA 33). The recognition of ordination however does not imply the possibility of employment in any given church. In each church, »the rules in force for induction to a pastoral charge, the exercise of pastoral ministry, or the or-

dering of congregational life« are not affected (LA 43). Efforts at mutual recognition of training, especially for pastoral ministry, are in progress.

In the consultation process for this study document the following suggestions were made:

The CPCE themes and documents must play a stronger role in ministerial education. Students should be encouraged to complete parts of their studies (e. g. a semester spent in a foreign country) in training institutions of other CPCE churches. Parts of the service of a trainee minister should also be able to be completed abroad in other CPCE churches. The CPCE church communion should also be referred to in formularies of ordination; ministers from other CPCE churches should take part in ordinations, if possible.

Furthermore these were proposed: common European seminars for further ministerial education, support for fixed-term exchanges of ministers between CPCE churches in Europe, ecumenical visits with CPCE partner churches for gaining new insights.

4.2 Church communion as a communion in doctrine

103) With the Leuenberg Agreement the signatory churches entered into a commitment to further theological work with one another and have thereby taken a fruitful path which is one of the distinctive characteristics of their church communion. This path must be tenaciously pursued.

104) The programme of work followed up to now has proved its worth: project and working groups authorized by the CPCE council work up a first draft for consultation, based on the doctrinal conversation initiated by them. The council then sends it to the member churches for their opinions. Based on these opinions the project or working group in each case then reworks the text, which is presented to the general assembly for final

discussion and resolution. With the acceptance of the final text by the general assembly the result of the doctrinal conversation is sent to the individual churches for reception and, if applicable, realization.

105) In the past the reception of the texts agreed by the General Assembly has been very variable. There have been texts which achieved a considerable breadth and depth of impact. But there have also been texts which in spite of their considerable relevance had no impact beyond the specialist committees. In many instances there have been underlying communication problems: often not enough time had been provided for the notification and circulation of the conclusions of the discussion. The CPCE member churches should commit themselves to suitable lines of communication for the conclusions of doctrinal conversation more than they have done up until now. In theological education too, these must be taken into account more vigorously than in the past.

106) The conclusions of doctrinal conversation reflect in each case a definite position in the theological debate. In not a few cases this debate has developed further and new insights and new formulations of the questions have arisen. It is an obvious step to then update earlier conclusions of discussions, to rewrite them in the context of the development of theological understanding and new problems, or to produce a complete remake.

107) In future the themes for the doctrinal study groups should be able to be proposed to a greater extent by the CPCE member churches; they can then be commissioned through the CPCE council. Apart from the doctrinal conversations there should also be, if required, the possibility of giving expert opinions through project groups especially convened for that purpose.

108) The following themes require special attention in the coming years:

- Church and politics (continuing the discussions on the king-ship of Christ, the two kingdoms doctrine and »church and society« cf. LA 39) taking into account current problems in Europe (e. g. populism, nationalism, xenophobia).
- Ethical differences and church communion (legitimate diver-sity or divergence sufficient to separate churches).
- Christian faith and Islam in the context of the Europe of today as well as other challenges in the encounter with other reli-gions.
- Community building and new forms of being church.
- Religious socialization and catechesis in the family.
- Baptism and Baptismal Practice (in continuation of the dis-cussions on the practice of Baptism (cf. LA 39) and in recep-tion of the talks with churches of the Baptist tradition).
- Preconditions for participation in the Lord's Supper.
- The ordination of women (in continuation of the study docu-ment Ministry, Ordination, Episcope, §§ 58–60).
- Confirmation and the Act of Confirming.

The two first themes should have priority.

4.3 Church communion as a communion evolving in shape

109) For the CPCE church communion it is fundamental that the communion be realized in worship, in doctrine, in witness and service and in ecumenical responsibility, and that the co-hesion of the churches be strengthened. To this end, it is impor-tant also to strengthen the structures in which the church com-munion lives and is shaped in mutual commitment.

110) As a result of the signing of the Leuenberg Agreement and the development of the CPCE, many churches have attained a new shaping of their life as churches of the Reformation. In some countries (e. g. the Netherlands, Germany and France), church unions or at least church federations have been formed,

in which churches with different confessional positions fulfil their mission together. In many regions notable models of cross-border co-operation have emerged, as for example in the upper Rhine.

111) In order to strengthen the church communion of the CPCE in its entirety, new ways and forms must be considered which contribute both to furthering the *Verbindlichkeit* of the church communion and the life of individual churches *as* member churches of the CPCE in their different contexts, without restricting the independence (autonomy of reception) of the participating churches.

112) Most of the churches in the CPCE regulate the task of their mission and their common life in the framework of a church order. For the CPCE it is desirable that there should be, in addition to its statutes, a *Charta of church communion,* yet to be developed. In this would be worked out what follows from what was established on the basis of the Leuenberg Agreement: agreement in the gospel and the reciprocal recognition of churches as churches for the worshipping, spiritual, theological and diaconal common life of the churches in the church communion. The *Charta* should describe the mutual spiritual commitments of the churches in the five forms of experience of church communion in the CPCE that have already been identified.

113) Church communion lives on the readiness for conciliarity (cf. § 80). So the general assembly stimulates *conciliar processes* which have central significance for the realization of church communion. These include in particular the doctrinal conversations and theological study projects, which serve the deepening of communion. Discussion takes place on the basis of the documents, and they are finally accepted by the general assembly. Even if this does not happen through a vote by synod representatives the documents serve nevertheless to clarify the position of the CPCE and its orientation in mutual commitment, both within the CPCE and with external bodies.

114) The role of the general assembly could be strengthened further in two ways: first, by recording in the constitutions or rules of the churches the significance for the deepening of church communion of the reception of the conciliar decisions.

115) The other way of strengthening its role would be for the churches to come to an agreement to link the sending of delegates to the general assembly to a synodal decision, or in other appropriate ways to anchor the mandating of their representatives publicly in connection with the fulfilment of church leadership functions.

116) In order to strengthen the reception of the conciliar processes in questions of doctrine and ecclesial practise in the CPCE, it would be helpful to describe in the *charta of the communion* not only the processes of decision making but also the reception pathways in the churches.

117) In any change in the ordering of churches, express account should be taken of the Leuenberg Agreement and the existing church communion in the CPCE. Churches which have up until now contented themselves with some administrative regulations should consider the introduction of a church order in which the mutual spiritual commitments in the various areas of church life are described and ordered.

118) On the initiative of CPCE member churches, from 2012 onwards, there took place a number of gatherings of Protestant synod members in Europe. The aim was to deepen the church communion of the CPCE at synod level and to strengthen the opportunities of working together. The meetings proved to be an important and promising instrument for strengthening church communion. They enabled an internal exchange about areas and themes which are decisive for the future of European societies and thereby present further challenges for the churches. Gatherings of Protestant synod members should be continued. The general assembly should receive a report of the work on the themes.

119) Parallel with the gatherings of the Protestant synod members the structural networking in the CPCE would be strengthened both through encounters at the level of the congregation and through regular meetings of the church leaders of the member churches.

4.4 Church communion as a communion of witness and service in the Europe of today

120) The Leuenberg Agreement is a document of the »Reformation churches in Europe«. Therefore it is a matter of course that these churches also relate their common witness and their common service to the particular situation of Europe. Europe is their geographical, cultural and political context. So Europe, and questions about Europe after its division was overcome in 1989, and the new fields of political and social action opened up as a result, have become a central theme.

121) Great hopes in the opportunities of Europe on the one hand and a considerable scepticism on the other about the high expectations regarding the collaboration of the peoples of Europe are characteristic states of mind among people in today's Europe. That is a tension which is also reflected in the churches of the CPCE. The tension between hope and scepticism has grown considerably through the crises of recent years. The programmatic demand of the Belfast General Assembly (2001), to let »the voice of the Protestant churches in Europe« be »clearly audible«, represents the perspective characterized by confidence. Concern for the future of Europe was manifest in the report of the General Assembly in Florence (2012) on the current situation in Europe with the acute problems of the crisis of finance, economy and national debt in the states of the continent. Against the voices of resignation, the CPCE member churches will have to set the encouragement of cross-border collaboration and the solidarity of the European states and speak out against the obsession with national egoisms. To hold on to the idea of

European rapprochement and solidarity and to the principles of liberal democracy is an important test of church communion.

122) The Europe of today is struggling with a large number of difficult problems which seemed inconceivable in the euphoria of awakening after 1989. The warlike conflicts following the collapse of Yugoslavia in the 1990s and the war in eastern Ukraine show how costly peace is and how very much one must struggle to achieve it. The crisis of finance, economy and national debt has emphasised a marked difference between the north and south of Europe. The enormous migration of refugees, most recently from the civil war in Syria, is a dramatic challenge to European society.

123) The CPCE member churches cannot ignore the fact that they give witness and service in the midst of these critical developments: the witness of the gospel calls and commits us to service for justice, peace and the integrity of creation. Christians and churches in Europe should build a network of reconciliation and commitment to the deprived and needy. They will do everything in their power to create and reinforce signs of reconciliation and help in need. Only in this way can they encourage among politicians responsible action in crisis and solidarity with those who are affected by flight, migration and impoverishment.

124) There are ethical problems on which the churches cannot speak with *one* voice, and do not need to do so. The assessment of some ethical questions is strongly contextual; because of this, plurality, and decisions that differ from one's own point of view should be accepted among Protestant churches. The standard of legitimacy of an ethical difference is its compatibility with the worshipping community (see 3.1.6). In standing up for peace and reconciliation, as well as for justice and the overcoming of poverty, and against the destruction of nature, the Protestant churches must proceed together, even if in the assessment of crises and their resolutions different points of view can be ab-

solutely legitimate. If we expect the member churches of the CPCE to speak with *one* voice, we must endeavour to ensure that the voice of the gospel is heard in Europe.

125) The cooperation that has existed since 2009 with the Association of Protestant Diaspora Aid Organisations in Europe (AGDE) has been an important step towards the coordinating of common relief work; this social and diaconal task must be carried further, and the activities involved intensified and extended. In the same way the projects of interchurch aid promoted by individual member churches must be promoted single-mindedly. Diaconal work is essential for the churches.

5 Church Communion as a Common Ecumenical Obligation

126) The CPCE regards its understanding of unity and its realization as a service to the general ecumenical movement (cf. LA 46 f.). As demonstrated in section 1.4, the communion achieved by it has in many places resulted in substantial progress towards unity. This process, however, as is made clear in section 3.3, is not to be regarded as complete. The model of church communion that is experienced in the CPCE has, to a greater extent than many other ecumenical models, already brought about visible results and appears for that reason to be particularly fruitful. The Leuenberg Agreement commits the CPCE to go further and introduce its understanding of the unity of the church into the worldwide ecumenical conversation. The interconfessional work of the CPCE will also be defined by this in future, particularly in respect of the longstanding contacts with the Anglican and Orthodox churches, as well as the European Baptist Federation. The series of consultations begun in 2013 with the Roman Catholic Church has special significance, since the focus of interest here is on the effectiveness and loadbearing capacity of the church communion model.

127) The ecumenical obligation resulting from the understanding of church communion in the LA must be assumed not least in relation to new church movements like neo-pentecostalism and neo-evangelicalism inside and outside the churches of the CPCE. The encounter with such currents shows that ecumenical and ethical challenges are similar for many churches. The response to such challenges is proof of the capacity for ecumenical action in the conditions of the 21st century.

128) The understanding of unity in the CPCE proves itself in relation to other churches locally. It is a general experience that basic principles show their significance only in real encounter with others. The ecumenical process is not restricted to the ex-

change of documents, but develops in the encounter with people, on whom God bestows a new quality of community. Specific problems emerge here, for majority churches, which easily overlook other member churches in their own area, as much as for minority churches, which in some cases tend to cut themselves off. Where there are functioning ecumenical structures in a place (local study groups, Councils of Churches, etc.), the congregations of CPCE churches should always be involved. Here the question invariably arises, as to how they can contribute together to the conversation with other local churches. In the preservation of unity at local level, unity is experienced as a gift of God.

129) Several churches of the CPCE have communion with other churches that do not belong to the CPCE. For example, some churches are members of the CPCE as well as of the Porvoo Communion. Others have individual agreements with Anglican churches. Others again have no kind of agreement. The resulting variations in the extent of church communion within the CPCE pose the question of the compatibility of the different agreements. On the road to unity the fact that at first sight there is some tension cannot be avoided. A closer look shows that there is no question of mutually exclusive models. For example, since the model of the Porvoo Common Statement is a variant of the unity model of church communion, membership in the Porvoo Communion and in the CPCE are not in competition. So long as it does not bring the results achieved in the CPCE into question, the double membership of many churches serves to widen and deepen ecumenical fellowship. The unity model of the CPCE is not aimed at preserving the *status quo*, but at the fellowship of all Christians.

130) The same is true for the world communions. Some churches are members of both the Lutheran World Federation (LWF) and the World Communion of Reformed Churches (WCRC). Others are members of only one of these two world communions, or of the World Methodist Council (WMC). Others

again belong to none of them. The loyalties of individual member churches to such world communions should not be played off against each other. The ecumenical model of the CPCE could well enrich the cooperation of the LWF, the WCRC, the WMC and other world communions on the basis of the church communion already practised in the CPCE. The ways found in the CPCE to attain church communion in different contexts and between different confessional formularies can also give promise on a global level. The member churches of the CPCE can bring their experiences to the dialogue between the world federations, so that the theological results already achieved may bear further fruit.

An example is the recently published report of the Lutheran-Reformed Commission of the LWF and the WCRC, *Communion: On Being the Church*, which establishes a common understanding of the gospel between the Lutheran and Reformed churches, as well as the actual reconciliation of their confessional identities. The closeness to the understanding of Church and unity in the CPCE is obvious.

131) Since the signing of the Leuenberg Agreement the church communion of the CPCE has developed abundantly. An aim achieved, however, must be always renewing its usefulness to remain alive. The history of the CPCE can encourage us to deepen what has already been achieved.

»Changes in society or in the forms of life and order of the church do not have to result in a loss of identity; on the contrary: they offer opportunities for new spiritual experiences when the churches live with commitment on this basis.« (CJC I. 1.4)

Appendix: Participants in the study process

A) Members of the initial working group (2013/14)

Prof. Dr. Michael Beintker, Münster (Co-chair)
Prof. Dr. André Birmelé, Strasbourg (Co-chair)
Dr. Pawel Gajewski, Florence
Prof. Dr. Bo Kristian Holm, Aarhus
Prof. Dr. Leo Koffeman, Amsterdam
Prof. Dr. Friederike Nüssel, Heidelberg
Dr. Szilárd Wagner, Sopron
Staff member: Prof. Dr. Martin Friedrich, Vienna

B) Participants in the consultation in Elspeet, 5th–8th February 2015

Superintendent Dr. Rainer Bath, United Methodist Church, Germany
Prof. Dr. Michael Beintker, Initial working group
Prof. Dr. André Birmelé, Initial working group
Revd Jana Daneckova, United Methodist Church of South – Central Europe
Revd Dr. Jan-Dirk Döhling, Evangelical Church of Westphalia
Prof. Dr. Martin Friedrich, CPCE
Revd Dr. Pawel Gajewski, Waldensian Church
Jan Gross, CPCE
Prof. Dr. Bo Kristian Holm , Initial working group
Revd Fleur Houston, United Reformed Church
Provost Kirsten Jørgensen, Evangelical Lutheran Church of Denmark
Vice President Christian Krieger, UEPAL
Revd Dr. Tomi Karttunen, Evangelical Lutheran Church of Finland
Prof. Dr. Leo Koffeman, Protestant Church in the Netherlands
Revd Steffie Langenau, Church of Lippe
Revd Dr. Christopher Meakin, Church of Sweden
Prof. Dr. Michael Nausner, Evangelical Methodist Church of South – Central Europe
Prof. Dr. Friederike Nüssel, Initial working group
General Secretary Dr. Arjan Plaisier, Protestant Church in the Netherlands

Revd Dr. Thomas-Andreas Põder, Evangelical Lutheran Church of Estonia

Dr. Thomas Schaack, Evangelical Lutheran Church in Northern Germany

Revd Dr. Otto Schäfer, Federation of Swiss Protestant Churches

Revd Dr. Susanne Schenk, Evangelical Lutheran Church in Württemberg

Revd Laurent Schlumberger, United Protestant Church of France

Anikó Schütz Bradwell, Church of Scotland

Revd Dirk Stelter, Evangelical Lutheran Church of Hanover

Revd Dr. Christoph Theilemann, Evangelical Church of Berlin-Brandenburg-Silesian Upper Lusatia

Revd Einar Tjelle, Church of Norway

Prof. Dr. Stefan Tobler, Evangelical Lutheran Church in Romania

Revd Dr. Eckhard Zemmrich, Evangelical Church of Berlin-Brandenburg-Silesian Upper Lusatia

C) Members of the editorial group (2015–2018)

Prof. Dr. Michael Beintker, Münster (Co-chair)

Prof. Dr. André Birmelé, Strasbourg (Co-chair)

Prof. Dr. Pawel Gajewski, Terni/Rome

Prof. Dr. Bo Kristian Holm, Aarhus

Revd Fleur Houston, Macclesfield

Prof. Dr. Leo Koffeman, Amsterdam

OKR Dr. Mareile Lasogga, Hannover/Bensheim

Prof. Dr. Friederike Nüssel, Heidelberg

Prof. Dr. Michael Nausner, Reutlingen/Uppsala

Prof. Dr. Thomas-Andreas Põder, Tallinn

Revd Dr. Susanne Schenk, Ulm/Tübingen

Revd Anikó Schütz Bradwell, Edinburgh

Staff member: Prof. Dr. Martin Friedrich, Vienna

Kirchengemeinschaft und Kirchentrennung

Bericht der lutherisch-reformierten Gespräche in Leuenberg (Schweiz) 1969/70

Vorbemerkung

Die lutherisch-reformierten Gespräche in Bad Schauenburg (Schweiz) (1964–67) hatten zu Thesen geführt, in denen die Überzeugung zum Ausdruck kam, dass den zwischen lutherischen und reformierten Kirchen bestehenden Unterschieden keine kirchentrennende Bedeutung mehr zukomme (vgl. *Auf dem Weg, Lutherisch-reformierte Kirchengemeinschaft*, Zürich 1967). Die Stellungnahmen der Kirchen hatten weithin eine positive Aufnahme dieser Ergebnisse erkennen lassen. Sie wiesen aber zugleich darauf hin, dass eine Verständigung darüber nötig sei, was denn »Kirchengemeinschaft und Kirchentrennung«, besonders in Blick auf die lutherischen und reformierten Kirchen, bedeute. Die Gespräche in Leuenberg (1969 bis 1970) machten diese Frage zu ihrem Thema. Es ging deshalb auf dem Hintergrund der Bad Schauenburger Ergebnisse nicht mehr in erster Linie um die Behandlung einzelner theologiegeschichtlicher und dogmatisch fixierter Kontroverspunkte, sondern vielmehr darum, das weitläufige Gebiet der Ekklesiologie aus einer Perspektive in den Blick zu nehmen, die vor allem die praktisch-theologischen Implikationen für das zukünftige Verhältnis zwischen lutherischen, reformierten und unierten Kirchen sichtbar werden ließ. Das entsprach dem neuen Stadium und dem veränderten Charakter des Gesprächs, sofern – im Unterschied zum Bad Schauenburger Gesprächskreis – die Teilnehmer von ihren Kirchen offiziell delegiert waren. Die folgenden Ergebnisse der Leuenberger Gespräche werden hiermit den lutherischen, reformierten und unierten Kirchen Europas vorgelegt.

I. Neutestamentliche Aspekte

1. Im Neuen Testament finden sich zwischen einzelnen Schriften und zwischen von ihnen rezipierten Traditionen Unterschiede, die in der Sicht mancher Historiker nahezu den späteren konfessionellen Unterschieden gleichkommen. Diese Unterschiede betreffen auch die Probleme des Amtes, der Gemeindeordnung, der Sakramente und des Bekenntnisses, d. h. Fragen, die in der Mitte gegenwärtiger Bemühungen um die Herstellung der Kirchengemeinschaft stehen. In den Briefen des Paulus tritt besonders deutlich in Erscheinung, wie über derartige Unterschiede hinweg unbeschadet notwendiger Absagen immer wieder die Einheit in Christus gesucht und hergestellt wurde. Daher werden im Folgenden seine Aussagen zu dieser Frage wiedergegeben.

2. Christus, der Herr, hat alle, die durch die Predigt des Evangeliums und durch die Taufe zum Glauben gerufen werden und unter dem Wort an seinem Tisch zusammen sind, ohne ihr Zutun schon erlöst und zu Gliedern seines Leibes gemacht (1. Kor. 12,13). Damit sind sie durch den Geist in die Koinonia, die Gemeinschaft der einen Ekklesia gestellt (Phil. 2,1; 1. Kor. 10,16 ff). Diese gegebene Gemeinschaft will in gegenseitigem Dienen der einzelnen Christen wie der Gemeinden untereinander bezeugt werden. Zu diesem Dienen gehört die auf dem sogenannten Apostelkonzil getroffene Übereinkunft ebenso wie die Kollekte für Jerusalem (Gal. 2,1 f; 2. Kor. 8 f). Ziel dieses Dienstes ist es nicht, die Kirche selbst zu erhalten, sondern sie zur Erfüllung ihres Zeugenauftrages zu befähigen: denn Christus ist für alle gestorben.

3. Die gelebte Koinonia umschließt innerhalb der Ekklesia, d. h. der Ortsgemeinde wie der Gesamtkirche, eine große Mannigfaltigkeit und Spannungsweite von Verkündigungsweisen, Theologien und Lebensformen. Sie umfasst z. B. die freizügig lebenden »Starken« und die Askese übenden »Schwachen« nach Röm. 14 f oder die das mosaische Gesetz beachtenden Gemeinden Palästinas wie die von ihm Unabhängigen in Kleinasien und Griechenland (1. Kor. 9, 20 f). In ihr hat neben

der Theologie des Paulus auch die des Apollos, des Petrus und des Herrenbruders Jakobus Platz (1. Kor. 3,4–9; 15,11; Gal. 2,7–9).

4. Aber wie die Freiheit des Glaubens diese Mannigfaltigkeit ermöglicht, so gebietet sie immer wieder auch ein klares Nein zu bestimmten Inhalten des Verkündigens und Lehrens wie der ihnen entsprechenden Lebensweise, wo diese aus einem »anderen Evangelium« oder »nicht aus Glauben stammen« (2. Kor. 11,4; Gal. 1,6–9; Röm. 14,23). Dieses Nein ergibt sich aus einem Prüfen von Verkündigung, Lehre und Leben am apostolischen Evangelium. Das Evangelium ist der urchristlichen Gemeinde als formulierte Tradition des Osterkerygmas (1. Kor. 15,3–5) und als Tradition über Jesu Erdenwirken, die den Evangelien zugrunde liegt, gegeben. Beide Überlieferungen werden im Neuen Testament stets als lebendiges, pneumatisches Kerygma verstanden und als Anrede auf eine bestimmte Situation bezogen. So wird etwa die von Paulus übernommene Botschaft (1. Kor. 15,3–5) in den Ausführungen desselben Kapitels entfaltet, und in den Evangelien die Jesusüberlieferung jeweils für eine bestimmte Verkündigungssituation aktualisiert. Demgemäß beurteilt Paulus die häretischen Erscheinungen nicht einfach, indem er sie an feststehenden Sätzen misst. Er interpretiert vielmehr, theologisch argumentierend, die soteriologische Mitte des Evangeliums für die jeweilige Verkündigungssituation und deckt damit das Abweichen der Häresie auf. Seine Argumentation überführt nicht juristisch oder rational, sondern durch Erkenntnis des Glaubens. Die Mitte des Evangeliums ist dabei die ausschließliche Heilsmittlerschaft Jesu, wie sie das Osterkerygma in Verbindung mit der Evangelienüberlieferung bezeugt und wie sie in der allen neutestamentlichen Zeugen gemeinsamen Botschaft von der Vergebung der Sünden, der neuen Geburt oder der Rechtfertigung aus Glauben für die Menschen expliziert und verkündigt wird (Mk. 2,1–17; Joh. 3,3; 5,14–16; Röm. 3,28; Phil. 3,4–11; Jak. 2, 12 f.; Offb. 20,15).

5. Die Briefe des Paulus und andere neutestamentliche Zeugen lassen erkennen, dass in der christlichen Gemeinde klare

Scheidungen vollzogen wurden. Wie die Lehrurteile zu Beginn der Reformation haben diese Scheidungen in der Frühzeit der Christenheit jedoch dynamischen Charakter: sie bleiben eine immer lebendige, geistliche Auseinandersetzung um die Wahrheit, welche die ganze Gemeinde gewinnen will.

II. Kirchengemeinschaft und Kirchentrennung in der Geschichte der reformatorischen Kirchen

6. Lutherische und reformierte Kirchen haben ihren gemeinsamen geschichtlichen Ursprung in der Wiederentdeckung des Evangeliums als dem Fundament der Kirche. Dieser Ausgangspunkt hat bei allen sich einstellenden Unterschieden seine Bedeutung für die Folgezeit nie verloren. Die Gemeinsamkeit des reformatorischen Ansatzes schloss unter anderem ein übereinstimmendes Verständnis vom Wesen kirchlicher Gemeinschaft ein: kirchliche Gemeinschaft gründet im Worte Gottes. Zur Verwirklichung der Kirchengemeinschaft ist die Vergegenwärtigung des gemeinsamen geschichtlichen Ursprungs und des weiteren geschichtlichen Weges unentbehrlich.

7. Die grundlegende Einheit der christlichen Kirche ist von den Reformatoren des 16. Jahrhunderts übereinstimmend geglaubt und bekannt worden. Ihr leidenschaftliches Bemühen um die Wiedergewinnung der Wahrheit des Evangeliums war darauf gerichtet, die Einheit der Kirche in Lehre und Leben zu erhalten und aufbrechende Spaltungen zu überwinden. Sie haben darum die Grenzen der *una sancta ecclesia* nicht endgültig festgelegt. Dennoch entwickelten sich schon früh im 16. Jahrhundert Ansätze zur Ausbildung partikularer Kirchen.

8. Für heutiges geschichtliches Verstehen ist die sich durchsetzende Spaltung der Christenheit nicht nur in verschiedenen Lehraussagen begründet. Dem 16. Jahrhundert teilweise unbewusst spielen die Verschiedenartigkeiten der ethnischen und staatlichen Gebilde, der ökonomischen Verhältnisse und

der politischen Entscheidungen, die unterschiedliche Verwurzelung in bestimmten kirchlichen, theologie- und geistesgeschichtlichen Unzulänglichkeiten eine nicht zu übersehende Rolle.

9. Die Härte des Gegensatzes ergab sich vor allem daraus, dass sich die Reformatoren im Blick auf die römische Kirche ihrer Zeit zu Entscheidungen gedrängt sahen, die das Gewicht einer letzten Scheidung hatten. Aber auch innerhalb der reformatorischen Bewegung brachen im Verständnis der Wahrheit Gegensätze auf, die nicht nur als verschiedenartige Ausdrucksformen des Evangeliums verstanden werden konnten, sondern zur Bildung getrennter Kirchen führten. Es bildeten sich Konfessionskirchen, die sich in Verwerfungsurteilen voneinander abgrenzten und deshalb auch die Abendmahlsgemeinschaft nicht aufrechtzuerhalten vermochten. Es gelang nicht, die in den Bekenntnisschriften und Lehraussagen bezeugte Einheit im Vollzug kirchlicher Gemeinschaft zu verwirklichen. Die ursprünglich an die ganze Christenheit gerichteten Bekenntnisse übernahmen mehr und mehr die Funktion, die Geschlossenheit konfessioneller Kirchen verfassungsgemäß zum Ausdruck zu bringen.

10. Die Tatsache der Trennung ist aber stets als Stachel empfunden worden, und es fehlte nicht an Vorstößen, die fixierten Konfessionsgrenzen zu durchbrechen. Einzelne Theologen der Orthodoxie versuchten, auf dem Wege theologischer Besinnung und zwischenkonfessioneller Lehrgespräche einen Konsensus zu erreichen. Sie haben damit einen Weg beschritten, auf den sich die reformatorischen Kirchen auch später zur Erreichung der Kirchengemeinschaft immer wieder gewiesen sahen. So verschieden pietistische Frömmigkeit und ethischer Humanismus der Aufklärung auch sind, haben sie sich doch in ähnlicher Weise ausgewirkt, indem sie die innere Berechtigung getrennter Kirchen in Frage stellten und quer durch die Konfessionen hindurch das Bewusstsein einer neuen Zusammengehörigkeit weckten. Die Stabilität der lutherischen und reformierten Kirchen erwies

sich aber als so stark, dass das sich bildende Gemeinschafts-
bewusstsein zahlreicher Glaubender die getrennten Kirchen
als solche zunächst nicht zusammenzuführen vermochte.

11. Unter dem Einfluss der Erweckung intensivierte sich das
Verlangen, die volle kirchliche Gemeinschaft herzustellen.
Die biblische Offenbarung wurde im Gegensatz zum vor-
hergegangenen Rationalismus wieder ausdrücklich zum
lebendigen Mittelpunkt kirchlicher und theologischer Bemühungen. Gleichzeitig erhielten die reformatorischen Bekenntnisschriften als Dokumente einer wiederentdeckten
Vergangenheit verstärkte Geltung. So konnten einerseits
Unionskirchen entstehen, während andererseits das konfessionelle Denken eine Aktivierung erfuhr. Das Neuluther-
tum – vereinzelt auch das Reformiertentum – des 19. Jahrhunderts erhielt so auf Grund des als konstituierende
Lehrnorm interpretierten Bekenntnisses und eines ausge-
prägten Amtsbegriffs eine stark konfessionelle Prägung. Im
Unterschied zum 16. Jahrhundert wurden die konfessionellen Kirchen in dieser Zeit vornehmlich als geschichtlich ge-
wordene, durch das Bekenntnis konstituierte Organismen
interpretiert.

12. Die Erschütterungen des 20. Jahrhunderts und die damit
zusammenhängende politische, ökonomische, geistesge-
schichtliche und theologische Entwicklung haben die Berechtigung fixierter kirchlicher Grenzen erneut in Frage
gestellt. Die ökumenische Bewegung hat u. a. darin ihre Wur-
zeln. In der Konfrontation mit der Säkularisierung haben
die Kirchen die biblische Verheißung der Einheit und die
Verpflichtung zu gemeinsamem Zeugnis neu verstehen ge-
lernt. Der intensive Umgang der Kirchen untereinander und
das gemeinsame Bestehen geschichtlicher Notsituationen
haben Wert und Grenze konfessionellen Erbes stärker als
früher ins Bewusstsein treten lassen. Die Förderung kirchlicher Einheit hat jedoch in der zweiten Hälfte unseres Jahrhunderts gegenüber der Ausgestaltung konfessioneller
Kirchlichkeit eindeutig den Vorrang gewonnen.

III. Lutherisch-reformierte Kirchengemeinschaft in Europa

13. Auf Grund ihres in dem gemeinsamen geschichtlichen Ursprung begründeten Verhältnisses zueinander wissen sich lutherische und reformierte Kirchen in Europa in besonderem Maße verpflichtet, die Kirchengemeinschaft untereinander zu verwirklichen. Diese Verpflichtung hat ihren Grund zugleich darin, dass sich die Kirchen in einer vielfältig gespaltenen und bedrohten Welt vor neue Aufgaben der Versöhnung gestellt sehen.

14. Als Tatzeugnis von der in Christus geglaubten Einheit der Kirche wird Kirchengemeinschaft einerseits verstanden als Aufhebung geschichtlich vollzogener und praktizierter Kirchentrennung. Andererseits ist sie nach gemeinsamer Überzeugung der lutherischen und reformierten Kirchen Gewährung der vollen Gemeinschaft an Wort und Sakrament. Diese geistliche Gemeinschaft drängt zu größtmöglicher Gemeinsamkeit im innerkirchlichen Leben und im Zeugnis und Dienst an der Welt. Sie verpflichtet dazu, alles aus dem Wege zu räumen, was das mit der Kirchengemeinschaft gegebene Tatzeugnis verdunkelt.

A. Auf dem Weg zur Kirchengemeinschaft

15. Der Weg zur Kirchengemeinschaft ergibt sich nicht von selbst, und auch ernsthafte gemeinsame Resolutionen auf höchster Ebene bieten keine Gewähr dafür, dass das Ziel erreicht wird. Die Erfahrung u. a. der Schauenburger Gespräche hat eine Reihe von Einsichten zu Tage gefördert, die sich in den Kirchen durchsetzen müssen, bevor die entscheidenden Schritte getan werden können. Diese Einsichten sind andernorts (vgl. Auf dem Weg, S. 9–30) breiter entfaltet und werden hier nur kurz zusammengefasst.

16. (1) Jede Bemühung um die Herstellung von Kirchengemeinschaft muss davon ausgehen, dass die Mehrzahl lutherischer

und reformierter Christen Europas bereits in einer so engen Gemeinschaft lebt, dass sich bei ihnen das Bewusstsein für die Trennung weitgehend verloren hat. Die tiefreichenden sozialen Wandlungen in der jüngsten Geschichte und die in wachsendem Maße gleichen Probleme und gemeinsam übernommenen Aufgaben, etwa im Bereich der Mission und der Diakonie, haben auch im Bewusstsein der einzelnen Christen eine Vielzahl von neuen Gemeinsamkeiten zwischen den beiden Konfessionen hervorgebracht.

17. Enge Verbindungen haben sich auch im Bereich des theologischen Denkens und der Ausbildung ergeben. Beide Kirchen stehen vor den gleichen geistigen Herausforderungen und in ihren Antworten darauf deuten sich die alten konfessionellen Gegensätze oft nur noch in spezifischen Denkansätzen an. Der jeweilige Gesprächspartner kann daher nicht länger unbedacht mit seinen Konfessionsvätern theologisch identifiziert werden. Der Stellenwert, welchen die traditionellen Lehrkontroversen für heutiges theologisches Denken und theologische Auseinandersetzung haben, ist daher immer neu zu prüfen. Das gilt vor allem für den klassischen Gegensatz in der Abendmahlslehre.

18. (2) Ebenso klar müssen die noch bestehenden Hindernisse einer Kirchengemeinschaft ins Auge gefasst werden. Hierher gehören z. B. die im Bewusstsein der Gemeinden oft tief verankerten Gegensätze im Blick auf die Gestalt des Gottesdienstes und die Grundausrichtung der Frömmigkeit. Dabei handelt es sich freilich um nicht mehr als um unterschiedliche Betonungen gemeinsamer Elemente, und diese Unterschiede sind zudem nicht einfach mit den Konfessionsgrenzen identisch. Eine Fortdauer der Kirchentrennung vermögen sie keinesfalls zu rechtfertigen.

19. Als Hindernis können sich auch gewisse theologische Differenzen auswirken, wie z. B. der Gegensatz zwischen der Lehre von der Königsherrschaft Christi und der Zwei-Reiche-Lehre. Diese Differenzen haben nicht unbedingt einen konfessionellen Ursprung, aber sie können sich leicht mit konfessionellen Gegensätzen verbinden und diese dadurch

ideologisieren. Ähnliches gilt auch für weiterbestehende ethnische Unterschiede, wie auch für Verschiedenheiten der institutionellen Gestalt der Kirchen im Verhältnis zu ihrer gesellschaftlichen und politischen Umwelt. Eine Vertiefung der Verständigung kann nur erreicht werden, wenn die vielfältige geschichtliche Bedingtheit konfessioneller Unterschiede bewusst gemacht wird.

20. (3) Die Erfahrung wachsender Zusammengehörigkeit wie auch die Einsicht in die weiterbestehenden Hindernisse der Kirchengemeinschaft nötigt zu gemeinsamer Reflexion, welche die überkommenen Kontroversen aufarbeitet und das verbindende reformatorische Erbe für die Aufgaben der Gegenwart fruchtbar macht. Diese gemeinsame Reflexion hat zugleich die Aufgabe zu prüfen, inwieweit die faktisch gelebte Gemeinschaft im Evangelium gegründet ist. Nur das Miteinander von gelebter Gemeinschaft und von Gemeinschaft im Verständnis des Evangeliums wird der in Christus vorgegebenen Einheit gerecht. Der Weg zur Kirchengemeinschaft führt daher nicht am Lehrgespräch vorbei, sondern er muss dieses als wesentliches Element einschließen. Wie die Erfahrung dieser Lehrgespräche ergeben hat, sind dafür folgende Gesichtspunkte von Bedeutung:

21. a) Die Reformatoren haben unterschieden zwischen dem gemeinsamen Fundament, auf welchem die Kirche begründet ist, und den geschichtlich bedingten, aber nicht heilsnotwendigen Traditionen, über die eine Übereinstimmung nicht unbedingt erforderlich ist. Diese Unterscheidung ist auch heute von Gewicht. Das Lehrgespräch muss das Ziel verfolgen, den wahren und ausreichenden Grund der Kirchengemeinschaft herauszustellen und davon die jeweilige geschichtliche Ausgestaltung zu unterscheiden.

22. b) Die Kirchengemeinschaft ist dann begründet, wenn die ausschließliche Heilsmittlerschaft Jesu als Mitte des Evangeliums und als einziger Grund und Kanon der Lehre und des Lebens der Kirche anerkannt wird. Auf dieser Grundlage muss dann die Lehre von der Rechtfertigung aus Glauben und von der neuen Geburt entfaltet und in Verbindung damit

auch eine Verständigung über die Wirksamkeit des Wortes und der Sakramente erzielt werden.

23. c.) Ein Lehrkonsensus ist niemals ein Selbstzweck. Die durch ihn geprüfte und bestätigte Kirchengemeinschaft ist ein lebendiger Prozess des kritischen Austausches untereinander und mit der jeweiligen gesellschaftlichen Umwelt. Auch die Grundaussagen, auf welchen der Konsensus beruht, müssen in diesem Prozess einer ständigen Neuinterpretation ausgesetzt und unterzogen werden. Der Lehrkonsensus bestätigt wohl die Kirchengemeinschaft, aber er schließt die theologische Auseinandersetzung untereinander nicht ab. Nur wenn das Lehrgespräch in diesen weitergehenden Prozess einmündet, kann die Kirchengemeinschaft erhalten werden.

B. Die Herstellung der Kirchengemeinschaft

24. Wir glauben, dass die Gemeinschaft zwischen lutherischen, reformierten und unierten Kirchen in Europa hergestellt werden *kann*. Wir schlagen vor, dass dieser Schritt durch die Annahme einer gemeinsamen Erklärung vollzogen wird, für die sich der überkommene Begriff einer »Konkordie« anbietet. Sie müsste von einer Versammlung bevollmächtigter Vertreter der lutherischen, reformierten und unierten Kirchen verabschiedet werden. Diese Konkordie sollte umfassen:

25. (1) Eine Erklärung, die zum Ausdruck bringt, dass die Kirchen im Verständnis des Evangeliums inhaltlich übereinstimmen. Damit würde die gleichzeitige Geltung der bestehenden Bekenntnisse in den beteiligten Kirchen ermöglicht.

Die Übereinstimmung im Verständnis des Evangeliums findet ihren Ausdruck in dem gemeinsamen Zeugnis, dass das Evangelium dem Menschen Gottes rettende Tat in Jesus Christus zuspricht. Dieses Evangelium wird in der Heiligen Schrift bezeugt, in der Verkündigung der Kirche neu zugesprochen und durch den Heiligen Geist gewiss gemacht. Sein grundlegender Inhalt ist die Rechtfertigung des Sünders sola fide propter Christum und die bedingungslose Annahme und Heiligung durch Gott für jeden, der diese Zusage annimmt. Das gemeinsam geglaubte und bekannte Zeugnis, wie es auch in den reformatorischen Bekenntnissen zum Ausdruck kommt, ist ausreichende Grundlage, um darin heute Übereinstimmung im Verständnis des Evangeliums zu finden. Das schließt die Übereinstimmung im Verständnis der Sakramente ein, sofern diese gemäß dem Evangelium als leibhafte Gestalt der Verheißung, die den Glauben weckt und stärkt, empfangen werden. Der gemeinsam bekannte Glaube befähigt die Kirchen im Vertrauen auf die schöpferische, versöhnende und erneuernde Kraft Jesu Christi zum gemeinsamen Leben und Handeln in der Welt.

26. (2) Eine Erklärung, dass die in den Bekenntnisschriften ausgesprochenen Lehrverurteilungen den gegenwärtigen Stand der Lehre des Partners nicht mehr betreffen und dass den noch bestehenden Unterschieden in kirchlicher Lehre, Ordnung und Lebensform keine kirchentrennende Bedeutung mehr zukommt.

Im 16. Jahrhundert ist es in den lutherischen und reformierten Bekenntnissen zu Verwerfungen vorwiegend auf dem Gebiet der Abendmahlslehre, der Christologie und der Prädestinationslehre gekommen, die das Verhältnis zwischen lutherischen und reformierten Kirchen bis heute belasten. Es scheint uns nicht mehr möglich, diese Verwerfungen heute noch aufrechtzuerhalten. Die verschiedenen neueren Konsensustexte zeigen paradigmatisch, dass man den reformierten Kirchen nicht mehr vorwerfen kann, sie trennten das Essen von Brot und Wein in illegitimer Weise vom Empfang von Leib und Blut. Auf lutherischer Seite dagegen ist man kritischer geworden gegenüber der Ubiquitätslehre oder einer begrifflich zu starr bestimmten Weise des Verhältnisses zwischen Brot und Wein einerseits und Leib und Blut Christi andererseits. Außerdem kann man heute die reformierten Kirchen nicht mehr ohne weiteres mit der Lehre von der doppelten Prädestination behaften. Die Gegensätze in der Christologie haben sich als aufeinander bezogene Interpretationen des Christusgeheimnisses erwiesen; sie haben jedoch keine kirchentrennende Bedeutung.

Mit der heutigen Erkenntnis ist kein Urteil über die Väter des 16. Jahrhunderts abgegeben, sondern es wird gefragt, ob, in Treue zu den Bekenntnissen, denen sich die Kirchen verpflichtet wissen, die im 16. Jahrhundert ausgesprochenen Verwerfungen heute noch im Hinblick auf reformierte bzw. lutherische Kirchen aufrechterhalten werden müssen.

Auf Grund unserer Untersuchungen meinen wir diese Frage verneinen zu können.

27. (3) Eine Erklärung, die auf Grund der Übereinstimmung im Verständnis des Evangeliums die Gewährung der Kanzel- und Abendmahlsgemeinschaft (Interkommunion und Interzelebration) zwischen den beteiligten Kirchen ausspricht. Damit ist die Kirchengemeinschaft im vollen Sinne hergestellt. Sie ist jedoch missverstanden, wenn sie lediglich als etwas Statisches interpretiert wird. Im Vollzug dieser Gemeinschaft muss sichtbar werden, dass sich die Kirchen gegenseitig als Glieder am Leibe Christi annehmen. Kirchengemeinschaft drängt daher zu größtmöglicher Gemeinsamkeit im innerkirchlichen Leben und im Zeugnis und Dienst an der Welt.

28. Es kann nicht allgemein entschieden werden, wo ein organisatorischer Zusammenschluss der Kirchen erforderlich ist. Die besondere Situation, in der die Kirchen in den einzelnen europäischen Ländern leben, wird in dieser Frage ausschlaggebend sein. Auf keinen Fall sollte die gewonnene Kirchengemeinschaft zu einer Vereinheitlichung solcher Art führen, dass die lebendige Vielfalt der Verkündigungsweisen, des gottesdienstlichen Lebens, der kirchlichen Ordnung und der diakonischen wie gesellschaftlichen Tätigkeit erstickt wird, derer die Kirchen zu ihrem Dienst in einer vielgestaltigen und sich verändernden Welt bedürfen.

29. Die lutherischen und reformierten Kirchen Europas verstehen eine Herstellung ihrer Gemeinschaft nicht als Blockbildung reformatorischer Kirchen, sondern sehen sie im Horizont der Begegnung aller Kirchen. Sie haben insbesondere

die Hoffnung, dass die Überwindung ihrer Trennung sich auf das Verhältnis der ihnen verwandten Kirchen in anderen Kontinenten auswirken wird wie auch für das zukünftige Verhältnis der beiden Weltbünde zueinander fruchtbar gemacht werden kann. Die Verbindungen der Kirchen zu den Weltbünden sollten gewahrt und ausgebaut werden. Sie würden einerseits die Kirchen vor Isolierung und Verarmung bewahren, und sie würden andererseits auch dem Dienst der Weltbünde zugute kommen. So könnte die Wiederherstellung der Kirchengemeinschaft im europäischen Raum die ökumenische Bewegung als ganze näher an das Ziel der Einheit der gesamten Kirche Jesu Christi heranführen.

30. Die Herstellung der Gemeinschaft zwischen beiden Konfessionen nötigt zu einer vollen und vorbehaltlosen Zusammenarbeit an dem der Kirche gegebenen Auftrag. Die gemeinsame theologische Arbeit sollte dafür Sorge tragen, dass die Wahrheit des Evangeliums in einer säkularisierten Welt glaubwürdig bezeugt und, wo immer es nötig ist, gegenüber Entstellungen abgegrenzt wird. Zugleich sollten auf nationaler wie auf kontinentaler Ebene die Kräfte und Mittel zusammengefasst werden, um in gemeinsamer sozialer und politischer Diakonie den Menschen wirkungsvoller zu dienen.

Briefe an die lutherischen, reformierten und unierten Kirchen in Europa

Juni 1970

Lutherische, reformierte und unierte Kirchen in Europa hatten in Fortsetzung der lutherisch-reformierten Gespräche, die 1964 bis 1967 in Bad Schauenburg / Schweiz stattfanden, Vertreter zu Gesprächen über die Frage »Kirchengemeinschaft und Kirchentrennung« entsandt. Diese Gespräche, die 1969 und 1970 in Leuenberg / Schweiz durchgeführt wurden, haben eine theologische Klärung über das zur Frage stehende Problem erbracht; sie haben außerdem zu dem Plan einer faktischen Überwindung der Kirchentrennung zwischen den lutherischen, reformierten und unierten Kirchen geführt.

Die Teilnehmer der Leuenberger Gespräche übergeben hiermit den Bericht über das Ergebnis ihres Gesprächs den lutherischen, reformierten und unierten Kirchen in Europa. Sie sind der Überzeugung, dass die Zeit für die Überwindung der Kirchentrennung zwischen den reformierten, lutherischen und unierten Kirchen und für die Herstellung der vollen Kirchengemeinschaft zwischen ihnen reif ist. Sie weisen darauf hin, dass eine Reihe von verantwortlichen Gesprächen mit diesem Ziel im europäischen Raum mit der Hoffnung auf ein positives Ergebnis bereits geführt werden. Es wäre wünschenswert, dass eine »Konkordie«, wie sie im Bericht vorgeschlagen wird, in zeitlicher Übereinstimmung mit dem Abschluss dieser Gespräche zustande kommt.

Hinsichtlich des weiteren Weges schlagen die Teilnehmer vor, den Abschluss einer »Konkordie« auf einer Versammlung von bevollmächtigten Vertretern der lutherischen, reformierten und unierten Kirchen in Europa vorbereiten zu lassen. Die Arbeiten dieser Vorversammlung sollten bis spätestens Ende 1971 abgeschlossen sein. Ihre Ergebnisse sollten dann den Synoden der einzelnen Kirchen vorgelegt werden. Finden sie deren Zustimmung, könnte die Konkordie auf einer Hauptversammlung der Kirchen etwa nach Jahresfrist verabschiedet werden.

Mit der Vorlage ihres Berichtes verbinden die Teilnehmer folgende Bitten:

1. Den Bericht zur Kenntnis zu nehmen und die Zustimmung bzw. Stellungnahme den Unterzeichneten bis zum 1. April 1971 zuzuleiten.
2. 1 bis 2 Vertreter für die Vorversammlung zu benennen. Es wäre wichtig, dass sich unter diesen Vertretern auch Laien und speziell Kirchenjuristen befinden. Wo es sinnvoll erscheint, könnten sich mehrere Kirchen gemeinsam vertreten lassen.
3. Die Organe des LWB, RWB und des ÖRK (Glauben und Kirchenverfassung) zu ersuchen, die Vorbereitungen für den Entwurf einer solchen Konkordie und für die Zusammenkunft der Vorversammlung in die Hand zu nehmen.

Für die Teilnehmer

gez. Prof. Max Geiger   gez. Bischof Fr. Hübner
(Vorsitzender)   (Vorsitzender)

Juni 1970

Sehr geehrte Herren,

die lutherisch-reformierten Gespräche auf europäischer Ebene sind seit zwei Jahren in ein neues Stadium eingetreten. Von Kirchen beauftragte Vertreter haben das Thema »Kirchentrennung und Kirchengemeinschaft« untersucht. Die Gespräche sind anlässlich der letzten Zusammenkunft zum Abschluss gekommen. Die Teilnehmer haben uns gebeten, Ihnen ihren Bericht zuzustellen, und wir freuen uns, hiermit diesem Wunsche nachzukommen. Wie Sie sehen, schlägt die Gruppe vor, dass eine gemeinsame Erklärung, oder man könnte auch sagen – eine Konkordie, vorbereitet werde. Der Lutherische und der Reformierte Weltbund sollen zusammen mit der Kommission für Glauben und Kirchenverfassung die ersten Vorarbeiten dafür leisten. Eine Vorversammlung bevollmächtigter Vertreter der lutherischen, reformierten und unierten Kirchen in Europa soll dann im kommenden Jahr den Text der Konkordie so weit abschließen, dass er den Kirchen zugestellt werden kann. Wir wären Ihnen dankbar, wenn Sie zu diesen Vorschlägen Stellung nehmen würden. Es ist selbstverständlich, dass die drei Organisationen einen solchen Dienst nur leisten können, wenn sie von den Kirchen ausdrücklich aufgefordert werden.

Bei der Benennung bevollmächtigter Vertreter zur Teilnahme an der Vorversammlung scheint es uns wichtig, dass möglichst die Kontinuität mit den vorhergehenden Gesprächen gewahrt bleibt. Wir würden es begrüßen, wenn die Kirchen Vertreter benennen würden, die bereits an den lutherisch-reformierten Gesprächen teilgenommen haben.

gez. Lukas Vischer

gez. André Appel

Direktor des Sekretariats
für Glauben und
Kirchenverfassung

Generalsekretär
des Lutherischen Weltbundes

gez.
Marcel Pradervand
Generalsekretär
des Reformierten Weltbundes

Church Fellowship and Church Separation

Report on the Lutheran-Reformed Conversations in Leuenberg
(Switzerland) 1969/70

Preliminary remark

The Lutheran-Reformed conversations in Bad Schauenburg
(Switzerland) (1964–67) had led to positions expressing the
conviction that the differences between Lutheran and Reformed
churches no longer have church-dividing significance (cf. *Auf
dem Weg, Lutherisch-reformierte Kirchengemeinschaft*, Zürich
1967). The responses of the churches indicated a largely positive
reception of the results. At the same time, however, they pointed
out that agreement was necessary on the meaning of »church
fellowship and church separation«, particularly with respect to
the Lutheran and Reformed churches. The discussions in Leuenberg (1969-1970) then addressed this question. Against the
background of the Bad Schauenburg results, they no longer primarily dealt with individual points of contention regarding the
history of theology and established dogma. Instead, they focused
on the broad field of ecclesiology from a perspective that, above
all, revealed practical theological implications for the future relationship between Lutheran, Reformed and United Churches.
That corresponded to the new stage and the changed character
of the conversation in that – unlike with the Bad Schauenburg
conversation group – participants were officially delegated by
their churches. The following results of the Leuenberg discussions are hereby presented to the Lutheran, Reformed and United
Churches of Europe.

I. New Testament perspectives

1. The New Testament contains differences between individual writings and their underlying traditions which, in the view of some historians, are very similar to the later confessional differences. These differences likewise concern the problems of ministry, congregational order, the sacraments and confession, that is to say, questions at the heart of present-day efforts to create church fellowship. The letters of Paul show particularly clearly how, over and above such differences and regardless of necessary rejections, unity in Christ is constantly sought and created. Hence Paul's statements on this issue are set out below.

2. Without any action on their part, Christ the Lord has already redeemed, and made members of his body, all those who have been called to faith through the preaching of the gospel and who are gathered together at his table around the Word (1 Cor 12:13). That has placed them through the spirit in *koinonia*, the fellowship of the one *ecclesia* (Phil 2:1; 1 Cor 10:16ff). Individual Christians and congregations bear witness to this gift of fellowship by service to and among one another. This service includes the agreement reached at what is called the Council of Apostles and the collection for Jerusalem (Gal 2:1f; 2 Cor 8f). The aim of this service is not to maintain the church itself but to empower it to fulfil its mission of witness, since Christ died for all.

3. Within the *ecclesia*, i.e. the local congregation and the universal church, lived *koinonia* encompasses a manifold diversity in manners of proclamation, theology and ways of life. It covers e. g. the free-living »strong« and ascetic »weak« evoked in Romans 14f or the congregations in Palestine observing Mosaic law and those in Asia Minor and Greece (1 Cor 9:20f) who do not. Besides the theology of Paul, it also has room for that of Apollo, Peter and James the brother of Jesus (1 Cor 3:4–9; 15:11; Gal 2:7–9).

4. But just as the freedom of faith enables this manifold diversity, it constantly requires a clear No to a certain content of

160

preaching and teaching, along with the corresponding ways of life, when the latter stem from »another gospel« or »not from faith« (2 Cor 11:4; Gal 1:6–9; Rm 14:23). This No arises from a testing of preaching, teaching and life against the apostolic gospel. The gospel is given to the early church in the traditional wording of the paschal *kerygma* (1 Cor 15:3–5) and as tradition about Jesus' works on earth, on which the gospels are based. The two traditions are always understood in the New Testament as living, pneumatic *kerygma* and as addressing a certain situation. For example, the message Paul has received (1 Cor 15:3–5) is interpreted in his remarks in the same chapter, and the material handed down about Jesus is updated in each of the gospels to fit their respective proclamation situation. Consequently, Paul does not just condemn the cases of heresy by measuring them against fixed articles of faith. Rather, he presents theological arguments to interpret the soteriological centre of the gospel for the respective proclamation situation and thereby reveals the way heresy deviates from it. His argumentation is not convincing in legal or rational terms, but through the knowledge of faith. The centre of the gospel is the mediation of faith by Jesus alone, as attested in the Easter *kerygma* and the accounts in the gospels, and as explicated and proclaimed in the message common to all NT witnesses, that of the forgiveness of sins, new birth or justification by faith (Mark 2:1–17; Jn 3:3; 5:14–16; Rm 3:28; Phil 3:4–11; Jas 2:12 f; Rev 20:15).

5. The letters of Paul and other NT witnesses show that clear separations were implemented in the early Christian community. Like the doctrinal condemnations at the beginning of the Reformation, however, these separations in early Christianity had a dynamic character: they always remained a lively, spiritual wrestling for the truth, seeking to win over the whole community.

II. Church fellowship and church separation in the history of the Reformation churches

6. Lutheran and Reformed churches have their common historical origin in the rediscovery of the gospel as the foundation of the church. This starting point never lost its importance in later times, despite all the differences that arose. The common ground of the Reformation approach included *inter alia* a unanimous understanding of the essence of church fellowship: church fellowship is founded on the Word of God. It is essential for churches seeking to realise church fellowship that they become aware of their common historical origins and the way they developed down through the ages.

7. The 16th century Reformers all believed and confessed that the Christian church was fundamentally one. Their passionate efforts to regain the truth of the gospel were directed towards preserving unity in the church's doctrine and life and overcoming the divisions that were breaking out. For that reason, they did not draw definitive boundaries of the *una sancta ecclesia*. Nevertheless, the trend to form separate churches developed very early in the 16th century.

8. Seen from the historical understanding of today, the ensuing division of Christianity was not merely founded in various doctrinal propositions. While people were sometimes unaware of it in the 16th century, the diverse nature of ethnic groups and the form of the state played an unmistakable role, as did economic conditions and political decisions. Nor were people always aware of the extent to which they were rooted in certain inadequacies of the church, theology and intellectual thought.

9. The hardness of the division was above all due to the fact that, with respect to the Roman Church of their time, the Reformers saw themselves compelled to take decisions that had the weight of a final separation. But the Reformation movement also saw the emergence of opposing views about the understanding of truth, views which could not just be understood as different expressions of the gospel but which led

to the forming of separate churches. Confessional churches developed, setting themselves apart from one another in condemnations and therefore being unable to keep up fellowship at the Lord's Table. They did not manage to implement the unity attested in confessions and doctrines by achieving real ecclesial fellowship. The confessions, which were originally addressed to the whole of Christendom, increasingly served as a constitutional expression of the closed character of confessional churches.

10. The fact of separation was, however, always felt to be a thorn in the flesh, and there was no lack of efforts to break through the fixed confessional boundaries. Individual theologians representing orthodox Lutheran and Reformed positions endeavoured to achieve a consensus through theological reflection and inter-denominational dialogues. In doing so, they chose a path which, later, too, the Reformation churches regularly saw as the way forward to achieve church fellowship. However different Pietistic piety and the ethical humanism of the Enlightenment may have been, they had a similar impact in that they questioned the internal justification of separated churches and, across the confessions, aroused the awareness of a new togetherness. The stability of the Lutheran and Reformed churches proved so strong, however, that the awareness of fellowship many believers were beginning to feel was, as such, insufficient to bring the separated churches together.

11. The desire for full church fellowship intensified under the influence of 19th century revivalism. By contrast with previous rationalism, it expressly underlined that biblical revelation was at the heart of church and theological efforts. At the same time, Reformation confessional writings enjoyed growing esteem as documents of a rediscovered past. On the one hand, Union churches emerged while, on the other, there was a resurgence of confessional thinking. Neo-Lutheranism – in isolated cases also »Reformed-ism« – of the 19th century thus acquired a strong confessional imprint: the confession of belief was interpreted as a constituent doctri-

nal benchmark and there was a pronounced concept of ministry. By contrast to the 16th century, the confessional churches of the 19th century were mainly interpreted as bodies that had developed over time and been constituted through their respective confessional writings.

12. The upheavals of the 20th century and related political, economic, intellectual and theological developments have again called the justification of fixed church boundaries into question. This question is one of the roots of the ecumenical movement. In confrontation with secularisation, the churches have learned anew how to understand the biblical promise of unity and the commitment to common witness. The intensive dealings of the churches among one another and the common survival of historical emergencies has made people more aware than before of both the value and the limits of a confessional heritage. In the second half of the 20th century, however, the fostering of church unity has clearly gained priority over the confessional style of church life.

III. Lutheran-Reformed church fellowship in Europe

13. On the basis of their common historical origin the Lutheran and Reformed churches in Europe are especially committed to achieving church fellowship among one another. At the same time, this commitment is rooted in the fact that the churches confront new challenges of reconciliation in a world subject to multiple fractures and threats.

14. As active witness to the church's belief that it is one in Christ, church fellowship is understood, on the one hand, as eliminating historically achieved and practised church separation. On the other hand, it is – according to the joint conviction of the Lutheran and Reformed churches – the granting of full communion in word and sacrament. This spiritual communion urges us to realise the greatest possible fellowship in our own churches, and in witness and service

to the world. It commits us to clear away everything that obscures the active witness given by church fellowship.

A Towards church fellowship

15. The road towards church fellowship does not rise up by itself, nor do earnest resolutions at the highest level offer any guarantee that this goal will be reached. The experience *inter alia* of the Schauenburg conversations has unearthed a number of insights that need to win support in the churches before the decisive steps can be taken. These insights have been elaborated on elsewhere (cf. *Auf dem Weg*, pp. 9–30) and will be summarised only briefly here.

16. (1) All striving to bring about church fellowship must start from the premise that the majority of Lutheran and Reformed Christians in Europe already live in such close fellowship that they have largely lost the sense of separation. The profound social transformations of recent history and the challenges that are increasingly similar and tackled jointly – e.g. in the area of mission and diakonia – have brought forth a host of new points in common between the two denominations, and in the awareness of individual Christians as well.

17. Close connections have likewise arisen in the field of theological thinking and training. The two churches face the same intellectual challenges and their responses to them indicate the old confessional divisions only in specific approaches. The respective partners can no longer be automatically identified with their confessional fathers. It is therefore necessary to constantly check on the status of traditional doctrinal disagreements for today's theological thinking and theological debate. That applies, above all, to the classical disagreement on Eucharistic doctrine.

18. (2) The still existing barriers to church fellowship must be focused on just as clearly. These include e.g. the differences in the form of worship that are often deeply ingrained in the awareness of congregations, along with the basic ap-

proach to piety. And yet we are talking about no more than a different accentuation of common elements, and these differences do not run along purely confessional lines. By no means can they justify a continuation of church separation.

19. Certain differences in theology, too, may prove to be obstacles, e. g. the contrast between the doctrine of Christ's kingship and the two kingdoms' doctrine. These differences do not necessarily have a confessional origin, but they can be easily linked to confessional differences and thus turned into an ideology. The same applies to subsisting ethnic differences and also to the diversity of the churches' institutional forms in relation to their societal and political environment. A deepening of understanding can only be achieved if there is growing awareness of how confessional differences depend on a variety of historical conditions.

20. (3) The experience of growing togetherness and insight into the remaining obstacles to church fellowship make joint reflection a matter of urgency. We need to work through the traditional points of dissension and make our shared Reformation heritage fruitful for the challenges of the present. This joint reflection will, at the same time, have the task of checking on the extent to which the *de facto* fellowship is founded in the gospel. Only interaction between lived fellowship and fellowship in the understanding of the gospel will do justice to the unity already given in Christ. The way to church fellowship therefore does not bypass doctrinal conversation but has to include it as an essential element. As experience with these doctrinal discussions has shown, the following points of view are important:

21. a) The Reformers distinguished between the common foundation on which the church stands and traditions that, while historical, are not necessary for salvation and do not necessarily require agreement. This distinction is significant still today. The doctrinal discussion must aim to bring out the true and sufficient ground of church fellowship and distinguish it from the respective historical form.

22. b) Church fellowship is justified when Jesus' exclusive mediation of salvation is recognised as the centre of the gospel and the only ground and canon of the teaching and life of the church. The doctrine of justification by faith and new birth must then be unfolded on this basis and, in conjunction with that, agreement must also be reached on the efficacy of the word and sacraments.

23. c.) A doctrinal consensus is never an end in itself. It is tested and affirmed by church fellowship, which is a living process of critical exchange among one another and with the respective social environment. Throughout this process, the basic statements on which the consensus rests must also be exposed and subjected to constant reinterpretation. The doctrinal consensus may well validate church fellowship, but it does not bring theological debate among one another to a conclusion. Only if doctrinal discussion feeds into this more far-reaching process can church fellowship be kept up.

B Creating church fellowship

24. We believe that fellowship *can* be created between Lutheran, Reformed and United churches in Europe. We propose that this step be taken by approving a joint declaration for which the time-honoured term »Konkordie« [concord, agreement] lends itself. It would need to be adopted by an assembly of authorised representatives of the Lutheran, Reformed and United churches. This agreement should include:

25. (1) A declaration stating that the churches express substantive agreement in their understanding of the gospel. That would simultaneously validate the confessions existing in the churches involved.

Agreement in the understanding of the gospel is expressed in common witness to the gospel's message to humankind of God's saving action in Jesus Christ. This gospel is attested in Scripture, transmitted anew in the church's proclamation and assured through the Holy Spirit. Its fundamental content is the justification of the sinner *sola fide propter Christum* and God's unconditional acceptance and sanctification of each one who accepts this promise. This witness, jointly believed and confessed - and as also expressed in the Reformation confessions – provides a sufficient basis for finding agreement in the understanding of the gospel today. That includes agreement in the understanding of the sacraments as long as – in accordance with the gospel – they are received as the bodily form of the promise that awakens and strengthens faith. The jointly confessed faith enables the churches – trusting in the creative, reconciling and renewing power of Jesus Christ – to live and act together in the world.

26. (2) A declaration that the doctrinal condemnations uttered in the confessional writings no longer apply to the present state of teaching of the partner and a statement that subsisting differences in church doctrine, order and way of life no longer have church-dividing significance.

In the 16th century, condemnations in the Lutheran and Reformed confessions mainly concerned the field of Eucharistic doctrine, Christology and the doctrine of predestination. These condemnations are a burden on the relations between Lutheran and Reformed churches to this day. It seems to us no longer possible to still uphold these condemnations. The various recent consensus texts show paradigmatically that we can no longer accuse Reformed churches of illegitimately separating the eating of bread and wine with the reception of body and blood. On the Lutheran side, by contrast, we have become more critical of the ubiquity doctrine or using too rigid a terminology in defining the relationship between bread and wine, on the one hand, and the body and blood of Christ, on the other. Moreover, the Reformed churches can no longer simply be labelled as believing in the doctrine of double predestination. The contrasting approaches to Christology have proved to be related interpretations of the mystery of Christ; they have no church-dividing significance.

This present-day insight is not passing judgement on the 16th century fathers. Rather, it is asking whether, in fidelity to the confessions to which the church is committed, the condemnations uttered in the 16th century still need to be maintained with respect to Reformed and/or Lutheran churches.

On the basis of our investigations we think the answer to this question is No.

27. (3) A declaration that, based on agreement in the understanding of the gospel, grants pulpit and table fellowship (intercommunion and intercelebration) between the churches involved. That will create church fellowship in the full sense. It will, however, be misunderstood if it is merely interpreted as something static. The consummation of this fellowship must make manifest that the churches mutually accept one another as members of the body of Christ. Church fellowship therefore presses for common action as far as possible within the church and in witness and service to the world.

28. No general decision can be made on the need for churches to unite organisationally. The special situation in which the churches live in the individual European countries will be crucial in this question. On no account should the newly gained church fellowship lead to a uniformity that suppresses the living diversity of preaching styles, worship life, church order, and diaconal and social activity, a diversity the churches need for their ministry in a multi-facetted and changing world.

31. The Lutheran and Reformed churches of Europe do not understand the establishing of fellowship between them as forming a bloc of Reformed churches. Instead they see it in the context of encountering all churches. In particular, they cherish the hope that overcoming their separation will have an impact on the relationship between churches on other continents that are part of their church family and can also prove fruitful for a future mutual relationship between the Lutheran World Federation and World Alliance of Reformed Churches. The churches' connections with these world bodies should be maintained and expanded. On the one hand, these connections would preserve the churches from isola-

tion and impoverishment, and, on the other, they would also be beneficial to the service of the Christian world families. This way, the restoration of church fellowship in Europe could bring the ecumenical movement as a whole closer to the goal of the unity of the whole church of Jesus Christ.

32. The establishment of fellowship between the two denominations will require full, unconditional cooperation in carrying out the mission bestowed on the church. To this effect, joint theological work should ensure credible witness to the truth of the gospel in a secularised world, setting it apart, where necessary, from distortions. At the same time, human and financial resources should be consolidated at the national and continental level in order to serve people more effectively in social and political diakonia.

Letters to the Lutheran, Reformed and United Churches in Europe

June 1970

Continuing the Lutheran-Reformed conversations of 1964 to 1967 in Bad Schauenburg (Switzerland), Lutheran, Reformed and United Churches in Europe had delegated representatives to discussions on the issue of »Church fellowship and church separation«. These discussions, conducted in 1969 and 1970 in Leuenberg (Switzerland), brought theological clarification of the issue; furthermore, they led to the plan of *de facto* overcoming church separation between the Lutheran, Reformed and United Churches.

The participants in the Leuenberg discussions herewith present the report with their findings to the Lutheran, Reformed and United churches in Europe. They are convinced that the time is ripe to overcome church separation between the Reformed, Lutheran and United churches and to establish full church fellowship. They point out that a number of responsible dialogues with this aim are already being held in Europe, in the hope of achieving a positive result. It would be desirable if a »concord« (agreement), as suggested in the report, could arise in conjunction with the conclusion of these discussions.

With respect to the way forward, the participants propose that preparations for concluding an agreement be made at a gathering of authorised representatives of the Lutheran, Reformed and United churches in Europe. The work of this preliminary meeting should be completed at the latest by the end of 1971. Its results should then be presented to the synods of the individual churches. If they are approved, the agreement can be adopted at a general meeting of the churches e.g. early in the following year.

Participants accompany the submission of their report with the following requests:

171

1. To take note of the report and forward your approval and/or position to the signatories of this letter by 1 April 1971.
2. To name one or two representatives for the preliminary meeting. It would be important for there to be lay people and, in particular, church lawyers among these representatives. Where this seems reasonable, several churches could be represented jointly.
3. To request the governing bodies of the LWW, WARC and the WCC (Faith and Order) to take in hand preparations for drafting such an agreement and holding the preliminary meeting.

For the participants

sgnd Prof. Max Geiger   sgnd Bishop Fr. Hübner
(Chairman)   (Chairman)

                                                   June 1970
Dear Sirs,
In the last two years, the Lutheran-Reformed discussions at the European level have entered a new stage. Authorised church representatives have examined the topic »Church separation and church fellowship«. The discussions were completed at the last meeting. The participants have asked us to present their report to you, which we are delighted to do. As you can see, the group proposes drafting a joint declaration, possibly to be called a »Konkordie« [concord, agreement]. The Lutheran World Federation and the World Alliance of Reformed Churches are to do the preparatory work, together with the Commission for Faith and Order. Then, at a preliminary meeting next year, authorised representatives of the Lutheran, Reformed and United churches in Europe are to complete the text of the agreement so that it can be sent to the churches. We would be grateful to know your response to these proposals. It is clear that the three organisations can only perform such a service at the churches' express request.

When it comes to naming authorised representatives to attend the preliminary meeting we think it important to preserve continuity with preceding discussions. We would welcome it if the churches appointed representatives who had already participated in the Lutheran-Reformed discussions.

(sgnd) Lukas Vischer	(sgnd) André Appel
Director, WCC Secretariat	General Secretary
Commission on Faith and Order	Lutheran World Federation

(sgnd) Marcel Pradervand
General Secretary
World Alliance of Reformed Churches

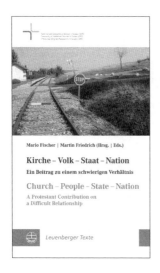